Una Huerta de Poemas

A Grove of Poetry

# Una Huerta de Poemas

# A Grove of Poetry

**Miguel Ángel Olivé Iglesias**, *MSc*

*Profesor Auxiliar, Universidad de Holguín, Cuba*
*Autor, Editor, Ensayista, Poeta, Escritor, Traductor*

*Associate Professor, Holguin University, Cuba*
*Author, Editor, Essayist, Poet, Writer, Translator*

CanLit in Translation

Wet Ink Books

*Primera Edición*

*First Edition*

Library and Archives Canada Cataloguing in Publication

Title: Una huerta de poemas / Miguel Ángel Olivé Iglesias, MSc, Profesor Auxiliar, Universidad de Holguín, Cuba, autor, editor, ensayista, poeta, escritor, traductor = A Grove of poetry / Miguel Ángel Olivé Iglesias, MSc, Associate Professor, Holguin University, Cuba, author, editor, essayist, poet, writer, translator.
Other titles: Grove of poetry
Names: Olivé Iglesias, Miguel Ángel, 1965- author, compiler, translator. | Container of (work): Grove, Richard M. (Richard Marvin), 1953- Poems. Selections (2024) | Container of (expression): Grove, Richard M. (Richard Marvin), 1953- Poems. Selections (2024). Spanish.
Description: Primera edición = First edition. | Series statement: CanLit in translation | Text in English and Spanish translation.
Identifiers: Canadiana 2024034734X | ISBN 9781998324026 (softcover)
Subjects: LCSH: Grove, Richard M. (Richard Marvin), 1953-—Criticism and interpretation. | CSH: Canadian poetry (English)—Ontario—21st century—Translations into Spanish. | CSH: Canadian poetry
  (English)—Ontario—21st century—History and criticism. | LCGFT: Literary criticism. | LCGFT: Poetry.
Classification: LCC PS8563.R75 Z75 2024 | DDC C811/.54—dc23

Wet Ink Books
www.WetInkBooks.com
WetInkBooks@gmail.com

**Título/Title:** Una Huerta de Poemas / A Grove of Poetry
**Autor/Author:** Miguel Ángel Olivé Iglesias
**Editor:** Jorge Alberto Pérez Hernández
**Traductor/Translator:** Miguel Ángel Olivé Iglesias
**Diseño de las portadas/Cover Design:** Richard M. Grove
**Montaje y Diseño/Layout and Design:** Richard M. Grove

Tipografía / Typeset in Garamond

Impreso y montado en Canadá / Printed and bound in Canada
Impreso y distribuido en USA por Ingram /
        Printed and Distributed in USA by Ingram
                *– Para configurar una cuenta con Ingram – 1-800-937-0152*
                *– To set up an account with Ingram – 1-800-937-0152*

Dedicado a CanLit.

Dedicated to CanLit.

## Agradecimientos

Agradezco profundamente a Dios por darme las palabras y el intelecto para escribir mis modestos libros y ser capaz de honrar a tantos canadienses que son excelentes escritores, artistas y promotores de la cultura.

Mi corazón va en sincera gratitud al amigo que me inspiró a escribir Una huerta de poemas, Richard Marvin Grove, conocido como Tai. Tai cumple 70 años, sin embargo su mente y todo su cuerpo continúan trabajando y creando y haciendo proyectos y mirando hacia adelante como si tuviera 21. Su obra, que llega mucho más allá de la poesía, es sólida, reveladora y tan variada como sus propias experiencias. Gracias, mi Piloto.

## Acknowledgements

I deeply thank God for giving me the words and intellect to write my humble books and be able to honour so many fine Canadian writers, artists and promoters of culture.

My heart leaps out in heartfelt gratitude to the friend who inspired me to write A Grove of poetry, Richard Marvin Grove, known as Tai. Tai is turning 70, yet his mind and whole body continue to work and create and plan and look ahead as if he were 21. His oeuvre, which covers much more than poetry, is solid, insightful and as varied as his own experiences. Thank you, my Pilot.

# Índice / Table of Contents

# Títulos de los poemas

## Titles of Poems

Me siento tan agradecido de que la poesía y yo
nos hayamos encontrado. Escribir y leer poemas
ha enriquecido mi vida, quizás la haya salvado, del hastío
que de lo contrario tal vez hubiera eclipsado mi vida.

*Richard (Tai) Marvin Grove*


I am so grateful that poetry and I found each
other. Writing and reading poems has enriched
my life, maybe saved it, from the doldrums that
might otherwise have blunted my existence.

*Richard (Tai) Marvin Grove*

# Introducción

En los últimos siete años he publicado más de cien reseñas y ensayos sobre literatura canadiense, especialmente poesía. Por tanto, he leído muchos libros, numerosos autores, incontables líneas de magnético poder e imaginería excepcional. Mi acceso total al "poe-reino" (un término que improvisé) sucedió un prometedor 2017, cuando Jorge Pérez, miembro de la Alianza Literaria Canadá Cuba (ALCC) y embajador de la misma en Gibara, Cuba, convenció al amigo, poeta, escritor, fotógrafo, artista, editor canadiense—¡y Poeta Laureado de Brighton!—Richard Marvin Grove, conocido como Tai, para que le echara una ojeada a algunos de mis poemas y a un par de incipientes reseñas que yo había escrito. Así comenzó todo. Me invitaron a ser miembro, luego a ser el presidente, de la ALCC.

La ALCC la fundaron en 2004 en Cuba Richard y Kim Grove. Su misión es "Promover la solidaridad cultural entre Canadá y Cuba por medio de la expresión creativa de la poesía, la prosa, el arte y la fotografía". Para lograrlo, los miembros de la ALCC se han convertido en abejas obreras a plena capacidad creadora. La labor realizada por Richard Grove como Presidente Fundador es impresionante y merece todo el crédito. Se le conoce como el hombre de la seis Ps (en inglés) - Poeta, Presidente, Fotógrafo, Pintor, Editor, Orador Público. Además de su trabajo con las artes visuales, Richard ha escrito poesía de manera seria por muchos años y se le han publicado cientos de poemas en revistas. Se le ha publicado en más de veinte antologías a nivel mundial. Es editor y dirige una naciente casa editorial llamada Wet Ink Books (Libros Tinta Húmeda), un sello surgido de la Hidden Brook Press (Editora Riachuelo Escondido), su proyecto editorial inicial.

Publica antologías de concursos poéticos y libros de todos los géneros para autores del mundo, especialmente canadienses. Además de ser un poeta publicado, Richard Grove también ha exhibido su poesía en pinturas sobre papel en acrílico y en audio esculturas. Su poesía le ha ganado algunos premios y reconocimientos de honor así como posiciones finalistas en dos concursos de poesía. Por sus cuentos cortos ha ganado premio entre los diez mejores. Fue miembro activo de la

Asociación de Poetas Canadienses por diez años siendo el ejecutivo durante siete años, de ellos cinco como Presidente. Richard Grove es además el fundador del Registro de Poetas Canadienses. Es un sitio web con información de archivo que lista los poetas canadienses e incluye datos bibliográficos, los títulos de sus libros y los premios.

Es el Presidente Fundador tanto de la ALCC (2004) como de la Federación de Fotógrafos de la ALCC. La ALCC tiene membresía internacional, una revista literaria llamada El Embajador, un boletín literario electrónico llamado El Enviado y una revista especial para promocionar la cultura canadiense, Devour: Art and Literature Canada (Ávida Lectura: Arte y Literatura Canadienses). Además, Richard Grove fue el Presidente Fundador del Consejo de las Artes de Brighton y Vicepresidente de la Asociación de Autores de Canadá.

La ALCC se honró con el Premio Point of Life (Sentido de la Vida) por su significativa contribución al arte y la literatura. Michael Levy, fundador de la Fundación Point of Life, anunció que la ALCC era honrada con el Premio de la Excelencia Point of Life por unir a las personas a través del arte y la literatura. La Fundación Point of Life es una organización no lucrativa creada para proveer posibilidades de educación al público en general y apoyar investigaciones para una mejor comprensión de la espiritualidad y el propósito de la vida.

Al unificar las fuerzas positivas de la ciencia, la medicina, la filosofía y la religión, la Fundación Point of Life promueve un enfoque holístico que permita a las personas entender mejor las fuerzas que influyen sus vidas y por consiguiente que permita a los individuos manejar tales fuerzas para que les traigan paz, serenidad, libertad y disfrute. La ALCC recibió el "Premio Poet Watch" por su contribución a la poesía en la web. Las palabras a Richard Grove, Presidente de la ALCC, de Ernest Slyman, fundador de The Poet Watch: "Estás haciendo un excelente trabajo, Richard. Gran contribución a la web".

Richard Marvin Grove es en mi criterio (no otorgo títulos oficialmente) un apóstol de la cultura. El título que le "entrego" es intencional en muchos sentidos, uno de ellos es su convencida fe en Dios, otro es que apóstol también quiere decir "alguien que promueve una importante causa o idea".

Grove es un hombre de honor y bondad. A pesar de su imponente talla, su rostro, gestos y acciones son de punta a punta generosidad y preocupación por otros. He leído muchos de sus poemas y mucha de su prosa, lo que ha aportado a mi aprendizaje y crecimiento como escritor. Este es el hombre de cuya "huerta" tomé un grupo de sus poemas (setenta) de algunos de sus libros para comentar aquí, en honor a su producción literaria, su lealtad a la cultura y la literatura canadienses, su entrega incansable a promover las artes y la amistad.

Tai cumplió setenta años en octubre 7—por ello escogí setenta poemas (más uno)—del 2023. Deseo que este pequeño libro sea mi modesta muestra de reconocimiento por lo que ha hecho en términos de promoción literaria y cultural, la cual va más allá de las fronteras de su propio país ¡Felicidades, Tai!

# Introduction

I have published in the past seven years over a hundred reviews and essays on Canadian literature, especially on poetry. Consequently, I have read reams of books, hosts of authors, numberless lines of magnetic power and superb imagery. My full immersion into the Canadian "poetdom" (my coinage) happened an auspicious 2017, when Jorge Pérez, Canada Cuba Literary Alliance (CCLA) member and CCLA Ambassador in Gibara, Cuba, convinced Canadian friend, poet, writer, photographer, artist, publisher—and Poet Laureate of Brighton!—Richard Marvin Grove, known as Tai, to take a look at some of my poems and a couple of incipient reviews I had written. That is how it all began. I was invited to be a member, later Cuban President, of the CCLA.

The CCLA was founded in 2004 in Cuba by Richard and Kim Grove. Its mandate is "To advance cultural solidarity between Canada and Cuba through the creative expression of poetry, prose, art and photography." To this end, the CCLA members have become worker bees in full creative action. The work done by Richard Grove as Founding President is outstanding and deserves credit. He is known as the man of the 6 Ps - Poet, President, Photographer, Painter, Publisher, Public Speaker. Along with his visual art, Richard has been writing poetry seriously for many years and has had over a hundred of his poems published in periodicals. He has been published in over twenty anthologies from around the world. He is an editor and publisher and runs a growing publishing company called Wet Ink Books, a development from Hidden Brook Press, his original Press project.

He publishes poetry contest anthologies and books of every genre for authors around the world, especially Canadians. Aside from being a published poet, Richard Grove has also exhibited his poetry in acrylic on paper paintings as well as in audio sculptures. For his poetry he has won a few prizes and honourable mentions as well as a finalist spot in numerous contest anthologies. For his short stories he has won a top ten prize. He was an active member of the Canadian Poetry Association for ten years serving on the executive for seven years including five as President. He is the founder of the Canadian Poets Register. It is a database Website listing Canadian poets and including bibliographical records, titles of their books and their awards.

He is the Founding President (2004) of both the CCLA and the CCLA Federation of Photographers. The CCLA has an international membership, a literary journal called The Ambassador, a literary e-newsletter called The Envoy and a deluxe magazine to promote Canadian culture, entitled, Devour: Art and Lit Canada. Also, Richard Grove was the Founding President of the Brighton Arts Council and was a Vice President of the Canadian Author Association.

The CCLA was honoured with "The Point of Life Award" for their significant contribution to art and literature. Michael Levy, founder of the Point of Life Foundation, announced the CCLA was given this honour of "The Point of Life Award" of Excellence for bringing people together through art and literature. The Point of Life Foundation is a non-profit organization established to provide education to the general public and to support research into better understanding spirituality and the purpose of life.

By bringing together the positive forces from science, medicine, philosophy and religion, the Point of Life Foundation promotes a holistic approach to enabling people to better understand the forces affecting their lives and thereby enabling individuals to manage those forces to bring them peace, serenity, freedom and enjoyment. The CCLA received "The Poet Watch Award" for their contribution to poetry on the web. In the words of Ernest Slyman, The Poet Watch Founder, to Richard Grove, President of the CCLA: "Splendid work you are doing Richard. Fine contribution to the web."

Richard Marvin Grove is in my view (I am not officially invested as a title-giver) an apostle of culture. The title I "bestow" on him is intentional in many ways, one of them being his true belief in God, another being that apostle also means "one who advances an important cause or idea."

Grove is a man of honour and kindness. Despite his looming tallness, his face, gestures and actions are every inch generosity and concern for others. I have read many of his poems and much of his prose, which have contributed to my learning and growth as a writer. This is the man from whose "grove" I picked a group of his poems (seventy) from some of his books to comment here, in honor to his literary production, his allegiance to culture and Canadian literature, his indefatigable commitment to promoting arts and friendship.

Tai turned seventy on October 7, 2023 —that is why I chose seventy poems (plus one)—in 2023. May this book be my modest token of appreciation for what he has done in terms of literary and cultural promotion, reaching out far beyond the frontiers of his own country. Congratulations, Tai!

# Recolectando de la huerta

## Una reveladora entrevista

Para conocer más del poeta y su obra, incluyo una entrevista que preparé para la celebración del número 100 de El Enviado, el boletín oficial de la ALCC. Nos muestra los primeros pasos de Grove y su proyección visionaria.

**1 – En cierta ocasión me dijiste que la poesía y tú se encontraron mutuamente ¿Podrías hablarnos un poco más sobre esto?**

No comencé queriendo ser un poeta o escritor de algún tipo. Yo era pintor. Pasaba por un momento muy difícil en mi vida cuando no pintaba. No sucedía nada desde el punto de vista visual. Me sugirieron que usara una libreta de notas y escribiera algunas ideas que podrían estimular mi mente como pintor. Escribí unas pocas palabras y unas pocas más y más. Terminé añadiendo aquellas palabras a una serie de pinturas. Las pinturas tuvieron tanto éxito que me llevaron hasta una exhibición unipersonal de unas treinta pinturas. Las palabras estaban bien ocultas debajo de la pintura pero se podían ver y leer. Alguien me dijo, "No sabía que eras poeta". Mucho después de la exhibición tomé aquellas palabras y las convertí en poemas – eran los poemas que se volvieron mi primer libro de poesía titulado Más allá del miedo y la rabia.

**2 – ¿En qué sentidos los mundos de la poesía, el arte, la fotografía te ayudaron a lo largo de la vida, te hicieron un mejor ser humano, te dieron razón de ser, confianza?**

Me arriesgaré diciendo que finalmente encontré algo para lo que era bueno. Bueno tal vez no tan bueno pero merecedor de expresar mi propio ser. No tenía idea de que tenía algo que decir o que valía la pena decirlo o que alguien quisiera echar un vistazo o leer o sentir lo que yo tenía que decir. Me llevó media vida encontrar, no solo las herramientas, sino encontrar el algo que decir. Ya sea sobre el amor o la angustia de la vida, ya sea simplemente sobre poner el remo de un kayak en el sereno lago o hablar de un hombre negro que un policía blanco asesinó, parece que siempre hay algo que es necesario decir. Hoy le decía a mi colega poeta, John B. Lee, sobre caerse cuatro pies desde el techo, de asentaderas sobre un arbusto espinoso. Mientras le decía a John sobre la experiencia él me dijo ahora tienes tu próximo poemas. Una hora más tarde llegó a la página.

### 3 – ¿Recuerdas tu/s primer/os intento/s en escritura creativa y fotografía? Háblanos sobre esto.

Además de los garabatos de mi niñez y dibujar, mis primeras expresiones reales de creatividad, de hacer arte, surgieron cuando tenía catorce o quince años. Con mis escasas ganancias por cortar la hierba y recoger hojas logré ahorrar dinero suficiente para comprar seis láminas de vidrio unos dos x dos pies y una lata de pintura negra de espray. En mi aislado cuarto del sótano coloqué el vidrio, lámina a lámina, sobre láminas de papel y dejé caer piedras grandes para romper el vidrio. Luego de quitar las piedras pinté entonces con el espray encima del vidrio roto.

Al quitar el vidrio vi ante mí la imagen destrozada de la pasión. Seis pinturas colgaron de las paredes de mi cuarto varias semanas. Lo gracioso es que nunca compartí esas imágenes con nadie. Al principio estaba molesto con las gotas rojas de sangre que manchaban mis pinturas al descuidadamente recoger los fragmentos de vidrio. Pronto, luego de vivir con aquellas dispersas manchas, rocié más rojo – esta vez pintura – y luego con el tiempo más colores. El proceso de impulsar el experimento más y más con más y más color salpicado y luego brochazos de pincel, con el tiempo los llevó hasta el límite de ser un sucio revoltijo pero el proceso creativo nunca me abandonó. Fue a esa edad, con aquella experiencia, que me convertí en artista.

### 4 – James Deahl escribió, "Decidí que necesitaba la poesía en mi vida... Si pudiera encontrar una forma para hablarle a la gente..." ¿Cuáles eran tus necesidades y apremios? ¿Cuándo dijiste "Esto es lo mío"?

Creo que evolucioné lentamente para hacerme poeta. No recuerdo ningún momento específico en el que quise ser escritor o en el que pensé que era escritor. Solo sucedió que yo escribía y por tanto era un escritor. Es como el poema que escribí, "Levitación". Simplemente me salió. No tenía un deseo por escribirlo. John y yo hemos bromeado sobre la idea de que hay un poema en todo lo que hacemos. Es verdad. Es verdad para todos. Como escritores solo nos detenemos para ese instante y lo llevamos a un papel. Ese poema demoró en ser escrito lo mismo que en ser tecleado. Salió a medida que tecleé. Es verdad que paro y edito después que un poema está sobre el papel o más frecuentemente en la pantalla de la computadora, pero lo más importante es darse cuenta inicialmente de que esta tema o aquel es realmente válido para escribir un poema. John me dijo "Ahí está tu próximo poema" y de verdad que lo estaba pero solo porque primero vi el poema y le dediqué tiempo a escribirlo.

## 5 – ¿Qué motivos esenciales te llevaron a fundar la ALCC? ¿Cómo surgió El Enviado y con qué fines? ¿A quién se le ocurrió llamarle así? ¿Por qué?

Una de mis características positivas es que soy social. Por alguna razón soy capaz de atraer gente hacia lo que me entusiasma. Ya era un escritor cuando fui a Cuba la primera vez. Me encontré con colegas escritores. Me ofrecí para dirigir un taller de poesía, el taller se convirtió en un libro, el libro se convirtió en un lanzamiento de libro en Cuba, este se convirtió en mi anuncio espontáneo de que volvería a casa y comenzaría la ALCC. Mi traductor y amigo Wency se viró hacia mí sorprendido cuando dije aquello. Imaginé que toda organización necesita un boletín así que publiqué la edición 001 en junio del 2006. Como ves incluso el número 001 implicaba que yo anticipaba tener más de 100 ediciones. Lo mismo sucedió con el surgimiento de El Embajador. Cada organización literaria necesita una Buena revista literaria insignia así qué cuál es el problema – incluye una.

Mi querido hermano Manuel lo convencí para que fuera el editor en jefe. La revista El Embajador nació. Todo lo que hago parece crear un impulso que es difícil detener.

**6 – Dinos tres consejos para los novatos en el mundo de la literatura y el arte.**

Simple. Solo háganlo. Escriban; hagan arte. Hagan, hagan, hagan. No se detengan nunca. Cuando corto la hierba no puedo evitar cortarla de una manera creativa. Cuando plantaba sauces blancos los plantaba bien juntos y trenzaba las ramas año tras año. Nunca dejen de crear. Cuando le envío a mi madre de 93 años una carta o postal dibujo la palabra "¡¡MADRE!!" en el sobre con corazones y rostros sonrientes con muchos colores. Creen creen creen y nunca se detengan.

**7 – ¿Cómo ves el futuro de la ALCC, El Enviado y El Embajador?**

Espero que la ALCC sea para siempre. La clave para la longevidad en una organización es crear un equipo que sea más joven que tú, que esté interesado en la continuidad. Espero haber logrado eso. Originalmente éramos yo y Manuel como Presidente y Vice. Luego me di cuenta que necesitaba crear un equipo más grande y entonces creé la posición de Presidente y Vicepresidente cubanos y te seleccioné a ti, Miguel, como presiente por la parte cubana con Manuel como Vice – en esos momentos Manuel no podía ser el presidente. Luego su querida esposa Adonay, mi dulce hermana (la llamo Dr. Adonay), fue la Vice cubana, con Lisa como Vice por la parte canadiense. Cuando llegó la hora de buscar un nuevo editor para El Enviado, empujé y persuadí a mi hermano Jorge para que se encargara. Ahora es el mejor editor de El Enviado que haya tenido la ALCC. El equipo Lisa, Adonay, Miriam y Miguel hacen un gran trabajo. Me siento muy orgulloso de Jorge y el equipo de El Enviado. Una vez que encuentro exacto lo que quiero, atraigo a esa persona hasta el final. Esto me hace pensar que te atraje a ti, Miguel, hasta hacerte editor jefe de El Embajador.

# Collecting from the Grove
## A Revealing Interview

To know more on the poet and his work, I present an interview I prepared in celebration of issue 100 of The Envoy, the CCLA official newsletter. It gives us Grove's first steps and visionary projection.

**1 – You told me once that poetry and you found each other. Would you care to elaborate a little on this?**

I did not start out wanting to be a poet or a writer of any kind. I was an artist, a painter. I was going through a very difficult period in my life when I was not painting. Nothing was happening visually. It was suggested that I carry a notebook and start writing down some ideas that might stimulate my mind as a painter. I wrote down a few words and a few more and more. I ended up incorporating those words into a series of paintings. The paintings were so successful that I ended up with a solo show of about thirty paintings. The words were very much buried below paint but they could be seen and read. Someone said to me, "I didn't know that you were a poet." Much later after that exhibition I took those words and turned them into poems – they were the poems that became my first book of poetry entitled – Beyond Fear and Anger.

**2 – In what ways have the worlds of poetry, art, photography helped you through life, made you a better human being, gave you raison d'etre, confidence?**

I will take the risk by saying that I finally found something that I was good at. Well maybe not so good but worthy of my expressing myself. I had no idea that I had something to say or that was worth saying or that anyone would want to look at or read or feel what I had to say. It took over half of my life to find, not just the tools, but find the something to say. Whether it is about the love or the angst of life, whether it is simply about putting a kayak paddle in the still lake or talking about a Black man that was murdered by a White cop, it seems there is always something that needs to be said. Today I was telling fellow poet, John B. Lee, about falling four feet off a roof, bum first into a thorny bush. As I was telling John about the experience he said now you have your next poem. An hour later it arrived on the page.

### 3 – Do you remember your first attempt/s at creative writing and photography? Walk us through some of them.

Aside from the normal childhood doodling and drawing pictures, my first true expressions of creativity, of making art, unfolded when I was about fourteen or fifteen. On my meager allowance for cutting grass and raking leaves I managed to save enough money to buy six sheets of glass about two feet by two feet and a can of black spray paint. In my secluded basement bedroom I laid the glass, one sheet at a time, on sheets of paper and dropped head size boulders to shatter the glass. Removing the boulders I then sprayed painted over top of the broken glass.

When I removed the glass I was left with the shattered image of passion. Six paintings hung on my bedroom walls for weeks. The funny thing is that I never shared those images with anyone. At first I was angry at the red drips of blood that stained my paintings from carelessly picking up the shards of glass. Soon, after living with those random splotches, I splashed more red – this time paint – and then eventually more colours. The process of pushing the experiment further and further with more and more splashed colour and then brush strokes, eventually pushed them over the edge into a muddy mess but the creative process never left me. It was at that age, through that experience, that I became an artist.

### 4 – James Deahl wrote, "I decided that I needed poetry in my life… If I could find a way to speak to people…" What were your personal needs and urges? When did you say "This is my thing"?

I think that I evolved slowly into being a poet. I don't remember any specific time when I wanted to be a writer or that I thought that I was a writer. It just happened that I wrote so therefore I was a writer. It is like the poem "Levitation" that I just wrote. It just spilled out of me. I didn't desire to write it. John and I have joked about the idea that there is a poem in everything that we do. It is true. It is true for everyone. As writers we just stop for that moment and put it on paper. That poem took just about as long to write as it took to type. It unfolded as I typed. It is true that I stop and edit after a poem is on paper or more often on the computer screen, but the most important thing is first realizing that this or that topic is actually worthy of writing a poem about. John said to me "There is your next poem" and sure enough there it was but only because I first saw the poem and I took the time to write it down.

### 5 – What essential motives led you to founding a CCLA? How did The Envoy come to life and to what ends? Whose idea was it to call it that way? Why?

One of my positive attributes is that I am a people person. For some reason I am able to draw people into what I am excited about. I was already a writer when I went to Cuba the first time. I met fellow writers. I offered that I would conduct a poetry workshop, the workshop turned into a book, the book turned into a book launch in Cuba, the book launch turned into my spontaneous announcement that I was going to go home and start the CCLA. My translator and new friend Wency turned to me in surprise when I made the announcement. I figured every organization needs a newsletter so I published issue 001 in June 2006. You see even the number 001 implied that I was totally expecting to have over 100 issues. The same thing happened with the inception of The Ambassador. Every literary organization needs a good literary flag ship magazine so what is the trouble – just start one. My dear brother Manuel was rooked in by me to be the Editor-in-chief. The Ambassador magazine was born. Everything that I do seems to create momentum that is hard to stop.

### 6 – What three pieces of advice would you give to rookies in the lit and art world?

That is simple. Just do it. Just write; just make art. Do, do, do. Never stop doing. When I cut the grass I can't stop myself from cutting in a non-box way. When I planted some pussy willow trees I planted them close together and wove the branches together year after year. Never stop creating. When I send my 93 year old mother a letter or card I draw the word "!!MOTHER!!" on the envelope with hearts and smiley faces with loads of colours. Create create create and never stop.

## 7 – How do you envision the CCLA´s, The Envoy´s and The Ambassador´s future?

I hope that the CCLA will continue forever. The key to longevity with an organization is creating a team that is younger than you, that is interested in continuing. I hope I have done that. Originally it was me and Manuel as Prez and VP. Then I realized I needed to create a larger team so I created the position of Cuban Prez and Cuban VP and appointed you, Miguel, as Cuban Prez with Manuel as VP – at the time Manuel was not able to commit to Prez. Then eventually his dear wife Adonay, my sweet sister (I call her Dr. Adonay), became the Cuban VP, with Lisa as Canadian VP. When it was time to have a new editor for The Envoy, I nudged and cajoled my brother Jorge into taking on that job. Now he is the best Envoy Editor that the CCLA has ever had. His team of Lisa, Adonay, Miriam and Miguel do a great job. I am so proud of Jorge and The Envoy team. Once I find a perfect fit, I rope the person in all the way. This leaves me with the idea that I roped you, Miguel, into being the Editor-in-chief of The Ambassador.

# El poeta canadiense
# en el reino de la poesía canadiense

Entre las muchas generalizaciones que puedo hacer con mi lectura de poetas canadienses que han llegado a mi vida, las siguientes destacan, en mi opinión, en su obra:

1 – Una fuerte conexión con la tierra, lo que se aprecia en sus descripciones de lo que les rodea, sea cual sea la estación, y la impresionante majestuosidad de su país.

2 – Identificación con la naturaleza y la vida salvaje, evidenciado esto en sus detalladas, admirables descripciones de la vida al aire libre.

3 – Arraigado sentido de pertenencia a la geografía canadiense más las ramificaciones que desde el punto de vista de un pensamiento social se derivan de este.

4 – Un orgulloso sentido de origen/nacionalidad.

5 – Originalidad y versatilidad en el uso de medios expresivos e imágenes. Algunas son especialmente notables y reconfortantes: su devoción a la familia y los valores. Además están los recuerdos de infancia de los poetas y sus remembranzas sobre los amigos y la amistad.


Cada una de las características anteriores está presente cien por ciento en la obra de Grove.

# The Canadian Poet
# in the Canadian Poetdom

Among the many generalizations I can make out of reading Canadian poets who have entered my life, the following mark, in my opinion, their work:

1 – A deep connection to the land, seen in their descriptions of what surrounds them, whatever the season, and the impressive magnificence of their country.

2 – Identification with nature and wild life, evidenced in their detailed, admirable descriptions of outdoor life.

3 – Rooted sense of belonging to Canadian geography plus social-thought ramifications therefrom.

4 – A feeling of proud nationality/nationhood.

5 – Freshness and versatility in the use of expressive means and images. Some are particularly salient and heart-warming: their commitment to family and values. In addition are the poets´ reminiscences of childhood and their recollection of friends and friendship.


Each of the above features applies one-hundred percent to Grove´s work.

# Poems in his book,
## *Beyond Fear and Anger*

"Poetry is a therapeutic outlet for emotional and physical pain. This superb collection of poems by Richard Grove (Tai) attests to this fact...the author is telling us we need to change ourselves... This collection is a lesson in humility." I. B. Iskov (Poetry Editor)

"In this heart-felt collection of poems Richard Grove(Tai) portrays honestly and effectively a soul struggling with spiritual blindness arising from the doubt caused by the loss of a loved one..." Penny L. Ferguson (Editor)

I open the analysis of Grove´s first book of poems (Hidden Brook Press, 1997) with qualified opinions that give us a perfect clue to understanding the poet´s feelings. Beyond Fear and Anger is definitely an escape valve through where Grove vents his fears, his anger—precisely to unburden himself from such heaviness.

His first poem in Beyond Fear and Anger, "Anger # 1," is stylistically imposing in the use of repetition to create an effect that pierces, as the poet has been pierced, the reader´s skin and soul (fragments):

> I am angry, I am angry
> I am angry you are dead and should still be alive.
> I am angry that each step is so small
> I am angry that each step is so hard...
> I am angry that you are still dead
> that maybe I am dead
> that maybe we are all dead
> I am angry, I am angry, I am angry

These fragments are enough to see the pain burning inside the bereaved brother. Confusion, hopelessness, chaos whirl inside the man, whose only resource at the moment is to cry out his anguish in the form of angry thoughts.

Poem four, "Anger # 4," is a time-bomb of Grove´s searing mourning state. Again, repetition lances deeply into the reader´s eyes and mind:

> angry and blind
> angry and in pain
> so slow so blind
> blind and slow
> slow and in pain

Let's notice the constant interchange of syntax and words, the invariable mental condition that leads to echo meanings that swap position, overlap, jump, as much as the poet's feelings are a jumble of emotions.

Grove evolves, fortunately, in the second chapter. He confesses that the poems in chapter one "propelled into the pursuing poems that make up chapter two." As he tells us, "Each work in this second chapter has a common theme of moving beyond the hideous emotional trap of fear and anger... These poems (chapter two) were all, to some degree, cathartic in nature. They helped me purge... anger and fear from my life... They are meant to represent a search for happiness..."

"My Fog My Fear" (fragments) reveals that budding inner battle the poet wages to move from fear, "out of the fog," into his power to go on:

> ... the power of my fog,
> may keep,
> my eyes closed,
> of fog,
> the power of fear...
> for out of fog,
> or in,
> I will find my power,
> or my power,
> will find me.

The poet strives to emerge and grow out of fear. In this poem we see a more confident soul, who begins to see fortitude in himself, determination and trust in "his power." Yet, the cusp poem is undoubtedly "Hope Sublime."

Grove has found himself in "turning to and trusting in God," as he explains. The poem is brief but semantically and emotionally charged. It is a stunning sustained metaphor where "winter´s grime" stands as the now subsiding pain, the grieving past; "the swollen buds" are a new present and a life to come about to happen—or already happening!—so HOPE shines, sublime, promising:

> Hope,
> viewed through,
> winter´s grime,
> to swollen bud,
> sublime.

Once more, and always, let´s turn to the strength-building words, "But now we still have faith, hope, love, these three; and the greatest of these is love." (*The Holy Bible. 1 Corinthians 13:1-13*). With his book of poetry, we bear witness to Grove´s leap of faith. It´s good to know that the book reflects the changes in Grove, who never stopped evolving.

# Poemas en su libro
## *Más allá del miedo y la rabia*

"La poesía es una salida terapéutica para el dolor emocional y físico. Esta exquisita colección de poemas de Richard Grove es testigo de ello… el autor nos dice que necesitamos cambiar… Esta colección es una lección de humildad". I. B. Iskov (Revisora de poesía)

"En esta sentida colección de poemas Richard Grove nos muestra de manera honesta y efectiva un alma en lucha con una ceguera espiritual que surge de la duda causada por la pérdida de un ser querido…" Penny L. Ferguson (Editora)

Comienzo el análisis de primer libro de poemas de Grove con opiniones calificadas que nos dan un indicio perfecto para entender los sentimientos del poeta. *Más allá del miedo y la rabia* es definitivamente una válvula de escape a través de la cual Grove libera sus miedos, su rabia— precisamente para quitar de sí tal pesadumbre.

Su primer poema, "Rabia # 1", es imponente desde lo estilístico en el uso de la repetición para crear un efecto que hiere, como ha sido herido el poeta, la piel y el alma del lector (fragmentos):

> Tengo rabia, tengo rabia
> Tengo rabia porque estás muerta y debieras estar viva.
> Tengo rabia porque cada paso es tan pequeño
> Tengo rabia porque cada paso es tan duro…
> Tengo rabia porque todavía estás muerta
> que tal vez yo esté muerto
> que tal vez todos estemos muertos
> tengo rabia, tengo rabia, tengo rabia

Estos fragmentos son suficientes para ver el dolor que quema dentro del afligido hermano. Confusión, desesperanza, el caos son un torbellino dentro del hombre, cuyo único recurso en ese momento es gritar su angustia en la forma de airados pensamientos.

El poema cuatro, "Rabia # 4", es una bomba de tiempo en el abrasador estado de luto de Grove. Nuevamente, la repetición penetra profundamente en los ojos y la mente del lector:

> molesto y ciego
> molesto y apesadumbrado
> tan lento tan apesadumbrado
> ciego y lento
> lento y apesadumbrado

Nótese el constante intercambio de sintaxis y palabras, la invariable condición mental que lleva a repetir significados que cambian de posición, se superponen, saltan, de la misma manera en que los sentimientos del poeta son un desorden de emociones.

Grove evoluciona, afortunadamente, en el segundo capítulo. Confiesa que los poemas en el capítulo uno "impulsaron hacia los poemas venideros que conforman el capítulo dos". Nos dice, "Cada pieza en este segundo capítulo tiene un tema común que se mueve más allá de la terrible trampa emocional del miedo y la rabia… Estos poemas (capítulo dos) fueron todos, hasta cierto punto, catárticos por naturaleza. Me ayudaron a purgar… la rabia y el miedo de mi vida… Su sentido fue el de representar una búsqueda de la felicidad…"

"Mi niebla mi miedo" (fragmentos) revela esa emergente batalla interior que libra el poeta para ir del miedo, "en salir de la niebla", hacia su fuerza para seguir adelante:

> … el poder de mi niebla,
> puede mantener,
> mis ojos cerrados,
> de la niebla,
> el poder del miedo…
> pues en salir de la niebla,
> o dentro de ella,
> encontraré mi fuerza,
> o mi fuerza,
> me encontrará a mí.

El poeta lucha para emerger y crecer sin miedo. En este poema vemos un alma más confiada, que comienza a ver fortaleza en sí misma, determinación y confianza en "su fuerza". Sin embargo, el poema supremo es sin dudas "Sublime esperanza".

Grove se ha encontrado a sí mismo al "entregarse a y confiar en Dios", como explica. El poema es breve pero semántica y emocionalmente cargado. Es una impresionante metáfora sostenida donde "la suciedad del invierno" representa el dolor que ahora disminuye, el pasado de aflicción; "los brotes crecidos" son un nuevo presente y una vida por venir a punto de suceder—¡o ya sucediendo!— por tanto LA ESPERANZA brilla, sublime, prometedora:

La esperanza,
vista a través,
de la suciedad del invierno,
hasta los brotes crecidos,
sublime.


Una vez más, y siempre, vayamos a las vivificantes palabras, "Pero ahora todavía tenemos fe, esperanza, amor, estas tres; y la mayor de estas es el amor". (La Santa Biblia. 1 Corintios 13:1-13). Con su libro de poemas, somos testigos del salto de fe de Grove. Es bueno saber que el libro refleja los cambios en Grove, quien nunca dejó de crecer.

# Poems in his book,
## *Poems for Jack:*
## *Poems for the Poetically-Challenged*

I have made poetry presentations in college to audiences of students and colleagues. Apart from reading poems, we have engaged in the why of poetry, its power, its presence today, its merits. There are voices for and against, of course, but the general consensus is that poetry does attract and fulfills cognitive, aesthetic and ethic functions as efficiently as other forms of expression.

The book *Poems for Jack* helps the readers pay attention, understand and become interested in the appeal of poetry, in the hope, as the author states, "… that this collection of poems will be different for him…" (his friend Jack, who is not a fan of poetry) "They deal with some of the basics and fundamentals of perception and expression, making them, hopefully, somewhat effortless to read, unpretentious, with no attempt at being densely esoteric, philosophical, metaphysical or cryptic."

Therefore, the poems in the book, from where I chose four, are simple, direct, uncomplicated, yet they retain the beauty and imagery one expects from Grove. One of our greatest hopes as poets then is that our readership increases, because we are able to make see through the special veils that will invariably cover a poetic text.

When I read the book, I marked as "like" almost all of the poems. My first choice is "Sharing Spring with You." Simple, as is the poet´s goal, it narrates a scene just about to happen. Clear syntax, easy words, this is a piece many readers will surely relate to—Jack included. Spring and hope are leitmotifs in this and many other Grove poems:

> I was going to remind you
> to bring your umbrella
> but I have one that we can share.
>
> I´m looking forward
> to hopping puddles with you

and holding your chilly
fingers against my warm neck.

Spring is such a favourite time
it smells of new,
it vibrates with clean,
and hums of hope.

My second choice, "Midnight Train," is filled with sustained metaphorical achievements. Again, simplicity greets the reader, but the author cannot relinquish his excellent flair for figurative meanings since the very beginning to the end, where we relish his sui generis treatment of time:

chasing the moon
stirring the night
splintering the stillness
of a settling peace
beating the rhythm of loneliness
chugging from one end of has been
to the other end of might be
just as far away

"Swooping Sentry" is my third selection. I ask the readers to read it, twice, and then close their eyes. The poem is a photograph for an instant (Grove is a photographer), but it is also, marvelously, life in play unfolding in our minds! Once more, imagery, the comparison that captures the moment and the movement, the colorful references, the wonder of nature made words in a poet's deep perception and rightful record of a sight that is common in nature, yet is made transcendent in his penmanship:

Summer's gull in her sleek splendor.
Shiny grey feathered glory.
In constant vigil.
Summer's treasure.
Swooping sentry dive.
Brilliant blue backdrop glide.

Finally, a fine piece, short, precise; a single sentence exuding a metaphorical spirit that originates in the word eaten. Another splendid comparison, another welcome poem. Jack ought to be satisfied…

### The Earth has Eaten

The earth
has eaten the sun for dinner
and will have the moon
for dessert by dawn.

# Poemas en su libro
## *Poemas para Jack:*
## *Poemas para los*
## *que no conocen de poesía*

He hecho presentaciones de poesía en la universidad para estudiantes y colegas. Además de leer poemas, hemos incursionado en el porqué de la poesía, su poder, su presencia hoy, sus méritos. Hay criterios a favor y en contra, por supuesto, pero el consenso general ha sido que la poesía sí atrae y cumple funciones cognitivas, estéticas y éticas tan eficientemente como otras formas de expresión.

El libro Poemas para Jack ayuda a los lectores a prestar atención, entender e interesarse por lo atractivo de la poesía, con la esperanza, como plantea el autor, "que esta colección de poemas sea diferente para él…" (su amigo Jack, quien no es dado a la poesía) "Todos tienen que ver con algunas de las bases y esencias de la percepción y la expresión, lo que los hace, esperamos, algo menos difícil de leer, sin pretensiones, sin intenciones de ser densamente esotéricos, filosóficos, metafísicos o crípticos".

Por tanto, los poemas en el libro, de donde escojo cuatro, son simples, directos, sencillos, pero retienen la belleza e imaginería que se esperan de Grove. Una de nuestras mayores esperanzas como poetas entonces es que nuestros lectores aumenten, porque somos capaces de hacer ver a través de los velos especiales que invariablemente cubren un texto poético.

Cuando leí el libro, señalé con "me gusta" casi todos los poemas. Mi primera selección es "Compartiendo la primavera contigo". Simple, como es el objetivo del poeta, el poema narra una escena a punto de ocurrir. Sintaxis clara, palabras fáciles, es esta una pieza con las que muchos lectores se identificarán—entre ellos Jack. La primavera y la esperanza son temas centrales en este y en muchos otros poemas de Grove:

> Iba a recordarte
> que trajeras tu sombrilla
> pero tengo una que podemos compartir.
>
> Ansío
> saltar charcos contigo
> y poner tus congelados
> dedos en mi tibio cuello.
>
> La primavera es un periodo tan deseado
> huele a nuevo,
> vibra con lo límpido,
> y tararea la esperanza.

Mi segunda selección, "Tren de medianoche", abunda en logros metafóricos sostenidos. De nuevo, lo simple llega al lector, pero el autor no puede renunciar su excelente toque de lenguaje figurado desde el mismo comienzo hasta el final, donde disfrutamos su original tratamiento del tiempo:

> persiguiendo la luna
> activando la noche
> quebrando la tranquilidad
> de una paz que se asienta

golpeando al ritmo de la soledad
resoplando de un lado de lo que ha sido
al otro lado de lo que podría ser
así de lejos

"Centinela en picada" es el tercer poema que escogí. Pido a los lectores que lo lean, dos veces, y luego cierren sus ojos. El poema es una fotografía para un instante (Grove es fotógrafo) ¡pero es también, maravillosamente, la vida sucediendo dentro de nuestras mentes! Otra vez, la imaginería, la comparación que captura momento y movimiento, las referencias cromáticas, la maravilla de la naturaleza hecha palabras en la profunda percepción de un poeta y su justo registro de una escena que es común en la naturaleza, sin embargo se vuelve transcendental en su estilo:

Gaviota estival en su elegante esplendor.
Reluciente gloria de plumaje gris.
En vigilancia constante.
Tesoro del verano.
Zambullida en picada del centinela.
Brillante planeo en un entorno azul.

Finalmente, un gran poema, breve, preciso; una sola oración con un sentido metafórico que parte de la palabra devorado. Otra espléndida comparación, otro poema bien recibido. Jack debería estar satisfecho...

## La tierra ha devorado

La tierra
ha devorado al sol como cena
y tendrá a la luna
de postre al amanecer.

# Poems in,
## *The Envoy*

Grove is every inch a poet. He captures the world's everydayness, eternalizing it for us and for those to come. He is poetry, delicacy/passion and experience in everything he writes and does. His poem "Spring" (*published in The Envoy 88, June 2019*) is an ode to nature, a deep-rooted love affair Canadian poets have. Irony is handled as an expressive means of the language:

> April is the cruelest month
> with temperatures rising
> finally into life, even at night.

The utility of the expressive means works in the following terms: "A word used ironically may sometimes express very subtle, almost imperceptible nuances of meaning." (*taken from Stylistics, 1981, Moscow Vyssaja Skola, by I. R. Galperin*). Richard Altick stated that "The effect of irony lies in the striking disparity between what is said and what is meant." (*ibidem*).

As readers, we sense this "disparity" immediately, as we are aware of the season's majesty, but the next lines in the poem also contribute to help us see the masterful use of irony:

> Lilac buds are kissing
> the warm air with swelling buds…

Grove meant precisely the opposite in the opening lines! Spring is presented too as opposed to winter,

> … frost threatened landscape
> that swirls memory with desire
> only to be slammed
> by her sister, winter's
> punishing joke.

The poet contrasts the two seasons:

> The last of shadowed snow
> the melancholy reminders
> of hunkering down
> are all but gone.

And goes on in obvious joy:

> Black budding branches bulge
> with the promise of life
> now full of winged music…
> … it will not snow – again.

His poem "My Heart Grows Wings" (*published in The Envoy 92, October 2019; previously in A Small Payback, Ode to Victoria Lake. Hidden Brook Press, 2016*), is rich in beauty and plasticity of image and metaphor:

> Ebony branches part
> to brilliant sundrenched view…

Repetition as a stylistic device is appreciated in:

> … down, down over the tree tip spires
> to vast wilderness panorama…

emphasizing the notion of movement and expansion.

Epithets enhance his interpretation of the natural scenario:

> … vast wilderness panorama…
> unsullied, pristine.

From the general view, the poet now zooms in on a spectacular sight he describes in unique tropes:

> Wing tips deep,
> loon lances
> silver mirrored sky.

The universe leans softly onto his sheet of paper, gently star-guiding his pen in poems that echo "… a gentle whisper of harmony…," for example, in his piece "A silent echo heard" (*published in The Envoy 93, November 2019*):

> a gentle whisper of harmony
> ripples across
> the mist covered lake
> into the universe.

From a trip to China, Grove's sensitive, artistic eye knows how to give a poetic touch to reality, granting it the colours of nature, in its role of gracing human presence:

> From our hotel window
> we can see a small group
> gathered
> in a willow-draped park…

There are key word-images in the poem to really construe how imbued the poet is in what he watches from his hotel room in China (we cannot forget he is also an artist) and how he is able to draw out cosmic connotations from a common sight and serve it to us, nature once more a blazoning element:

> in slow motion
> doing Tai Chi.
> Fifteen or more

filling the early morning,
swaying in unison,
a gentle whisper of harmony
ripples across
the mist covered lake
into the universe.

We enjoy wonder-poetry reaching the readership through *The Envoy*.
Grove honors the newsletter with his submissions.

# Poemas en
## *El Enviado*

Grove es un poeta de los pies a la cabeza. Captura lo cotidiano del
mundo, eternizándolo para nosotros y para los que vendrán. Es poesía,
delicadez/pasión y experiencia en todo lo que escribe y hace. Su poema
"Primavera" (publicado en El Enviado 88, junio 2019) es una oda a la
naturaleza, un arraigado idilio de los poetas canadienses. La ironía se
emplea como un medio expresivo de la lengua:

Abril es el mes más cruel
con temperaturas elevándose
finalmente hasta la vida, incluso de noche.

La utilidad del medio expresivo funciona de la siguiente forma:
"Una palabra usada irónicamente puede a veces expresar muy sutiles,
casi imperceptibles matices de significado". (tomado de *Stylistics, 1981,
Moscow Vyssaja Skola*, de I. R. *Galperin*). Richard Altick dijo que "El efecto
de la ironía está en la notable disparidad entre lo que se dice y lo que se
quiere decir". (*ídem*)

Como lectores, sentimos esta "disparidad" inmediatamente, al notar la majestuosidad de la estación, pero las siguientes líneas en el poema también aportan a ayudarnos a ver el magistral uso de la ironía:

> Capullos de lilas besan
> el cálido aire con crecidos brotes…

¡Grove quiso decir precisamente lo opuesto en las líneas iniciales! La primavera se presenta también como opuesta al invierno,

> … la helada amenazaba el paisaje
> que arremolina la memoria con el deseo
> solo para ser atacada
> por su hermana, el severo chiste
> del invierno.

El poeta contrasta las dos estaciones:

> Los restos de la ensombrecida nieve
> los recordatorios de la melancolía
> de agazaparse
> ya todos se han ido.

Y continúa con obvia alegría:

> Negras ramas en ciernes sobresalen
> con la promesa de la vida
> ahora plenas de música alada…
> … no nevará – otra vez.

Su poema "A mi corazón le salen alas" (*publicado en El Enviado 92, octubre 2019; anteriormente en Una pequeña compensación, Oda al lago Victoria. Hidden Brook Press, 2016*), es rico en belleza y plasticidad de imagen y metáfora:

Ramas de ébano se abren
al estupendo espectáculo soleado…

La repetición como recurso estilístico se evidencia en:

… bajando, bajando por sobre las espiras de las copas de los ár-
boles
hasta un panorama de inmensas sabanas…

enfatizando la noción de movimiento y expansión.

Los epítetos realzan su comprensión del escenario natural:

… panorama de inmensas sabanas…
impoluto, prístino.

De esa visión general, ahora el poeta se acerca a una vista espectacular que describe con tropos extraordinarios:

Puntas de alas profundas,
el somormujo lancea
el espejo plateado del cielo.

El universo de inclina dulcemente sobre su hoja de papel, gentilmente guiando como una estrella su lapicero en poemas que resuenan "un tierno susurro de armonía…", por ejemplo, en su pieza "Se escucha un silencioso eco" (*publicada en El Enviado 93, noviembre 2019*):

un tierno susurro de armonía
crea ondas a través
del lago cubierto por la bruma
hasta el universo.

En un viaje a China, la mirada sensible, artística de Grove sabe cómo dar un toque a la realidad, otorgándole los colores de la naturaleza, en su papel de agraciar la presencia humana:

> Desde la ventana de nuestro hotel
> podemos ver un pequeño grupo
> reunido
> en un parque engalanado con sauces...

Hay palabras-imágenes claves en el poema para entender realmente cuán imbuido está el poeta en lo que observa desde su habitación del hotel en China (no podemos olvidar que es también un artista) y cómo es capaz de extraer connotaciones cósmicas de una vista ordinaria y entregárnoslas, siendo la naturaleza una vez más un elemento de belleza:

> con lentos movimientos
> en rutinas de Tai Chi.
> Quince o más
> llenan las tempranas horas de la mañana,
> oscilando juntos,
> un tierno susurro de armonía
> crea ondas a través
> del lago cubierto por la bruma
> hasta el universo.

Disfrutamos poesía-maravilla que llega a los lectores por vía de *El Enviado*. Grove honra el boletín con sus contribuciones.

# Poems in his book,
## *Cuba Poems.*
## *In Celebration of a Trip*
## *to the Caribbean*

I have been blessed during my personal and professional life by demonstrations of acknowledgement that I have welcomed with obvious pride at having accomplished something, or brought joy and satisfaction to someone, an acquaintance, a total stranger, or as is the case now, to a friend I care about, Richard Marvin Grove (Tai). It is my privilege to talk about a book by Grove. I cherish a personal collection of over twelve of his books, photography, poetry, prose or an integration of these, he has sent or brought to me these last four years, ranging from his early works to more recent publications. I chose a particularly interesting book to write about thus honoring in return his having honored me with his friendship, trust and help in many circumstances and ways.

Nevertheless, my review does not stem from a mechanical, biased reason based on his being my friend; it fully responds to his contribution to Cuba – through his CCLA, founded in 2004 and still floating above objective and subjective setbacks; vigorously, invaluably supported by many judicious patriots and friends – to Canadian and Cuban culture, and logically to poetry.

*Cuba Poems. In Celebration of a Trip to the Caribbean* is a book of fond memories, eagerness to visit, know, meet, mix; conceived in the very same "wide-eyed with anticipation" favorable atmosphere Grove refers to in his opening piece, "Cuba, Here We Come." The title reflects his joyful experience with a key phrase, "in celebration of."

We are invited to a trip across the book's proposal of poems and anecdotes, forged from a tourist's vision of a Cuba he faces. His first-world individuality enters a third-world reality with expectations and curiosity – and an open heart. I remember the first time I wrote about him, some four years ago: I reviewed the collaborative John B. Lee-

Richard Grove *In This We Hear The Light* (Hidden Brook Press, 2013, photography-poems) and said the authors "… do not wish to veil their way of expressing themselves from a very personal and outsider-who-has-been-inside perspective..." (taken from my review book *In a Fragile Moment: A Landscape of Canadian Poetry*, Hidden Brook Press, 2020).

In the book I comment now, we will encounter this mood, and will understand it inasmuch as there is empathy and appreciation in his heart for the Cuba he knows now and loves. Grove's initial "tourist excitement" is sensed in the end-lines:

> Passports clutched in one hand
> tickets and reservations
> clenched in other with
> dreams and hopes
> of sun, sand and snoozes.

The richness of the poet's style begins to shine right at this point:

> Passports clutched in one hand
> tickets and reservations
> clenched in other…

is a direct primary dictionary meaning sentence; however, two elements jump at me as a reader.

The first one is the employment of two effective transitive verbs (they are in fact non-finite verb forms, ed-participles, acting as noun-modifiers, adjectives) to describe the state of elation or nervousness or impatience the poet is in, "clutched" and "clenched."

He could have simply used held or carried but he chose others, intentionally, to colour the poem with more semantically-charged words, stylistically enhancing the intended message. The second detail is that passports, tickets and reservations are clutched and clenched respectively, yet these verbs are added a metaphorical meaning-role when the poet pairs them with the next sentence unit, a prepositional phrase:

                    clenched in other with
                    dreams and hopes
                    of sun, sand and snoozes.

Now the brand-new linguistic-stylistic hue is evident.

An extra element I dare refer to regarding the verbs *clutched* and *clenched* is that together with their metaphorical value, there is also a latent zeugma in their use. Zeugma is "... the use of a word in the same grammatical but different semantic relations to two adjacent words in the context, the semantic relations being, on the one hand, literal, and, on the other, transferred." (*taken from Stylistics, 1981, Moscow Vyssaja Skola, by I. R. Galperin*). Both verbs function literally in

                    Passports clutched in one hand
                    tickets and reservations
                    clenched in other...

and transfer their meanings to figurative enclosed in the prepositional phrase,

                    clenched in other with
                    dreams and hopes
                    of sun, sand and snoozes.

The setbacks I mentioned before are hinted in the second poem, "Never Leave Home Without it." The tour guide, "with wide eyed smile," reminds them and readers that American Express cards cannot be used in Cuba due to blockade issues imposed by the US government. Fortunately, "Visa and MasterCard are welcome."

A tempting blend of nature-loving body and heart, willingness to escape the hectic mazes of Toronto life and gratefulness for being at a Cuban beach resort, are the aspects finely recreated by Grove in his "Hard to Believe We are in Cuba." Thus we are pleased to read,

                    ... I woke from my sun-worshipping
                    dream state to the sudden salty

reminder that I was on a soft,
tan, sandy beach of Cuba,

understand the radical – agreeable – change he has undergone as,

I was no longer in my Toronto condo bed
being lured by computer, email,
time restraints and the bottom line

and swim in his,

… cool, green ocean,
paces away, beckoning me.

The poet's fascination reaches a cusp in the next poem, "More." He broadly contrasts being in Toronto against being in Cuba:

In the middle of November,
everything is sweeter,
better in Cuba than in Toronto.

To illustrate his sensations he engages in a sequence of allusions to nature, sun, breeze, evening; even the galaxy:

The blossom kissing afternoon sun
shines more brightly.

The palm shimmering breeze
of early evening is more alluring.

Orion's midnight belt
sparkles more clearly.

Between the lines, an environmentalist vision is noticed. Orion is more discernible from a pollution-free geographical location.

The poem ends as it began, the first stanza is repeated. In a way, I see rhythm in the words chosen and in this structural arrangement, much in line with the musical context the poet is a part of. In my words about Richard Grove's poem "My Heart Grows Wings," I said it is "... rich in beauty and plasticity of image and metaphor." My opinion applies entirely to Grove's next poem, "A Cuban Sun Shower." On the course of my explanation, I will present the poem whole, as it is brief and worth-quoting.

The poet rejoices in the exuberance of the place,

> Lush, outstretched palm branches,
> sweep the Cuban sky,
> gently fanning in salt air,

deploying a sustained metaphor that lasts through the whole piece:

> ... the single cloud
> that grins overhead
> christening our morning...

Personification as an expressive means — "... the attributing to abstract or inanimate objects qualities characteristic of persons." (*taken from New Horizons, McClelland and Stewart Limited, Revised edition, Canada, 1965*) — is attained through the verbs "grins" and "christening." This language means occurs as a result of interplay of realities fused by the poet, who reveals metaphorical nexuses-implications textually overlapping: "... the single cloud... christening our morning..." The finish lines heighten this figurative conjuration conceived and achieved by Grove:

> christening our morning
> with a sun shower
> of expectation.

To my pleasure, I want to revisit prior views I have written about Grove's style. As my conclusion to John B. Lee and Richard Grove's book, *Two Thousand Seventeen* (2018) Sanbun Publishers. New Delhi. India, I said, "The fountain of imagery expressed by both writers and the freshness in their styles do not cease to amaze me." My assertion serves too to characterize "A Cuban Sun Shower."

I know Richard Grove personally, I call him my friend. I can say for a fact that Tai (that is how friends call him) is a man of many qualities. Apart from his artistry in photography and writing, his generosity (proved in many occasions), his profound faith, his way with words and his gift as a public speaker, we also enjoy his humor. Logically, it is present in his poetry. "I Only Have Eyes For You My Love" is a fine example of humor and use of expressive means, like suspense and repetition.

Suspense operates on the anticipatory mechanisms a poet triggers in the reader or listener (we cannot forget the original orality of poetry), therefore its "main purpose is to prepare the reader for the... logical conclusion of the utterance." *(taken from I. R. Galperin. Stylistics. Moscow Vyssaja Skola. 1981)*. That is what Grove does in the poem aided by repeating (another expedient expressive tool) the opening refrain "I only have eyes for you, my love, / though I must confess."

Grove does not leave out metaphors, "I only have eyes for you, my love, / though I must confess / the copper tone buxom senorita, / licked by the Caribbean sun, / caressed by the Cuban breeze, / beamed for me." In order to really display more realistically the nature of a poem, which recreates a true event, the poet incorporates a seemingly conversational twist. I say *seemingly* because we are not fully certain of how much his words materialize from his "confessional" attitude into the tangible act of confessing.

To build up a conversational style, the poet resorts to colloquial phrases and idiomatic turns: "... a pretty Cuban head turner", "the... senorita, / ... beamed for me," "bronze toy boy, / blond, with tattooed pecs..." (this latter, a final clipping in lexicological terms) to which he incorporates one example of foreignism, "senorita," to put the situation in the Cuban context (Spanish language).

How the poem finishes, unexpected ending, is the expression of humor, assisted by the ways in which he depicts both the "senorita" and the boy. The last two lines, "I only have eyes for you, my love / though I must confess," are reminiscent of sincere love and the religiousness that is part of Grove's profound faith I mentioned earlier: notice that in all the previous stanzas the verb "confess" is transitive (it has a direct object); on the other hand, in the last line it changes to its intransitive function (no direct object), so it transfigures into an allusion to a possible act of religious confession.

The last poem under analysis is "A View of Contrasts." Grove shows his expertise in depicting nature, be it Canadian or Cuban, with superb images. As he does, we distinguish as well the contrasts he made explicit in his poem "Hard to Believe We are in Cuba."

Highly descriptive to the minutest detail,

> ... the dirge of dry red clay earth
> with palm rimmed horizons
> capping jungle homogeny.
> Lush banana plantations fill gently rolling valleys past
> concrete, tin capped, peasant huts...,

the poet talks about an every-day Cuban scene:

> ... modest, laboured gardens from
> roving speckled pigs and
> white bearded billygoats...

The contrast is shown in his lines:

> ... adventures end, takes us back
> to North American style opulence called
> creature comforts of pressed linen...,

strengthened in the closing ones,

> Home, past roadside open wells where
> post siesta
> farmers water their
> rib-clad burros,

sending us on our way with gentle
smiling waves...

Grove has portrayed an idyllic setting, his nostalgia seeping beneath the lines, metaphors alive and moving: "... gentle / smiling waves."

I have traveled with Richard Grove. I have embarked on a journey of pleasures in resemblances and contrasts, content and form, text and context, literality and tropes. And I have returned for a celebration, too, of my Cuba.

# Poemas en su libro
## *Poemas sobre Cuba.*
## *Evocando un viaje al Caribe*

He sido bendecido en mi vida personal y profesional con demostraciones de reconocimiento que he recibido con obvio orgullo por haber logrado algo, o haber traído alegría y satisfacción a alguien, un conocido, un total extraño, o como es el caso aquí, a un amigo a quien aprecio, Richard Marvin Grove (Tai). Es un privilegio para mí hablar sobre un libro de Grove. Atesoro una colección personal de más de doce de sus libros, fotografía, poesía, prosa o una combinación de estas, que me ha enviado o me ha traído en estos últimos cuatro años, desde sus trabajos iniciales hasta publicaciones más recientes. Escogí un libro especialmente interesante sobre el que hablar para honrar a mi vez el que él me haya honrado con su amistad, confianza y ayuda en muchas circunstancias y formas.

Sin embargo, mi reseña no viene de una razón mecánica, sesgada basada en el hecho de que es mi amigo; sino que responde en su totalidad a su contribución a Cuba – a la cultura canadiense y cubana, y lógicamente a la poesía.

*Poemas sobre Cuba. Evocando un viaje al Caribe* es un libro de cálidos recuerdos, ansiedad por visitar, conocer, encontrarse con, mezclarse;

concebido en la misma favorable atmósfera de "anticipación boquia-bierta" a la que se refiere Grove en su poema inicial, "Cuba, ya estamos en camino". El título refleja su jubilosa experiencia con una frase clave: "evocando un".

Se nos invita a un viaje a lo largo de la propuesta en el libro de poemas y anécdotas, forjadas desde la visión de un turista de la Cuba que ve. Su individualidad primermundista entra en una realidad del tercer mundo con expectativas y curiosidad – y un corazón abierto. Recuerdo la primera vez que escribí sobre él, hace unos cuatro años: reseñé el trabajo colaborativo de John B. Lee y Richard Grove en *En esto escuchamos la luz* (Hidden Brook Press, 2013, fotografía-poemas) y dije que los autores: "… no desean enmascarar su forma de expresarse desde una perspectiva muy personal y de alguien que viene de afuera y ha estado aquí dentro…" (*tomado de mi libro En un momento vulnerable: Panorámica de la poesía canadiense, Hidden Brook Press, 2020*).

En el libro que comento ahora, encontraremos ese estado de ánimo, y lo entenderemos puesto que hay empatía y aprecio en su corazón por la Cuba que conoce ahora y que ama. La "emoción de turista" inicial de Grove se siente en las líneas finales: "Pasaportes apretados en una mano / boletos y reservaciones / agarrados en la otra con / sueños y esperanzas / de sol, arena y siestecitas". La riqueza de estilo del poeta comienza a brillar en este punto:

"Pasaportes apretados en una mano / boletos y reservaciones / agarrados en la otra…" es una oración con un significado primario directo en el diccionario; no obstante, dos elementos sobresalen para mí como lector. El primero es el uso de dos verbos transitivos efectivos (son de hecho formas verbales no finitas, participios con –ado, modificando al sustantivo, adjetivos) para describir el estado de júbilo o nerviosismo o impaciencia en el que está el poeta, "apretados" y "agarrados".

Podría simplemente haber utilizado *sostenidos o llevados* pero escogió otros, intencionalmente, para colorear el poema con palabras más cargadas semánticamente, relazando estilísticamente el mensaje que se quería expresar. El segundo detalle es que pasaportes, boletos y reserva-ciones son apretados y agarrados respectivamente, pero estos verbos reciben un significado-rol metafórico cuando el poeta los vincula con la siguiente unidad oracional, una frase preposicional: "agarrados en la otra con / sueños y esperanzas / de sol, arena y siestecitas". Ahora el fresco matiz lingüístico-estilístico es evidente.

Un elemento extra que me atrevo a comentar con respecto a los verbos *apretados* y *agarrados* es que junto a su valor metafórico, hay también un zeugma latente en su uso. El zeugma es "... el uso de una palabra en las mismas relaciones gramaticales pero diferentes desde lo semántico con dos palabras cercanas en contexto, las relaciones semánticas siendo, por un lado, literales, y, por el otro, transferidas". (*tomado de Stylistics, 1981, Moscow Vyssaja Skola, por I. R. Galperin*). Ambos verbos funcionan literalmente en "Pasaportes apretados en una mano / boletos y reservaciones / agarrados en la otra..." y transfieren sus significados a lo figurado en la frase preposicional "agarrados en la otra con / sueños y esperanzas / de sol, arena y siestecitas".

Los contratiempos que mencioné anteriormente se dejan entrever en el segundo poema, "Nunca te vayas de casa sin él". El guía de turismo, "con sonrisa amplia", les recuerda a ellos y a los lectores que las tarjetas American Express no se pueden usar en Cuba debido a cuestiones del bloqueo impuesto por el gobierno de los EE.UU. Afortunadamente, "Tarjetas Visa y MasterCard son bienvenidas".

Una tentadora mezcla de cuerpo y corazón que aman la naturaleza, el deseo de escapar de los laberintos bulliciosos de la vida en Toronto y agradecimiento por estar en un centro turístico con playa, son los elementos que exquisitamente recrea Grove en su "Difícil creer que estamos en Cuba". Por ello nos causa placer leer que "... desperté de mi estado onírico / de adoración al sol / al repentino recordatorio de sal / que estaba en una suave, / bronceadora, arenosa playa de Cuba", entender el cambio radical – agradable – por el que pasa ya que "No estaba ya en mi cama de mi condominio en Toronto / atraído por la computadora, el correo electrónico, / límites de tiempo y lo esencial" y nadar en su "mar refrescante, verde, / a pocos pasos, llamándome".

La fascinación del poeta alcanza la cima en el próximo poema, "Más". Contrasta de manera amplia el estar en Toronto y estar en Cuba: "A mitad de noviembre, / todo es más dulce, / mejor en Cuba que en Toronto". Para ilustrar sus sensaciones se dedica a mostrar una secuencia de alusiones a la naturaleza, el sol, la brisa, la noche; hasta la galaxia: "El sol del atardecer besando la flor / brilla más fuerte. // La brisa que hace tremolar la palma / en el temprano anochecer es más embelesadora. // La franja de medianoche de Orión / reluce más claramente". Entrelíneas, se evidencia un ambientalista. Orión es más visible desde una locación geográfica sin contaminación.

El poema termina como empezó, la primera estrofa se repite. De cierta forma, siento ritmo en las palabras escogidas y en este acomodamiento estructural, bien en sintonía con el contexto musical del que es parte el poeta. En mis palabras sobre el poema de Richard Grove "A mi corazón le salen alas", dije que es "abundante en belleza y plasticidad de imagen y metáfora". Mi opinión es válida completamente para el siguiente poema de Grove, "Un baño de sol cubano". En el curso de mi explicación, presentaré el poema completo, ya que es breve y merece ser citado.

El poeta disfruta la exuberancia del lugar, "Ramas de la palmas exuberantes, abiertas, / rozan el cielo cubano, / gentilmente meciéndose en el aire de sal", lo que nos da una metáfora sostenida que recorre todo el poema: "… la exclusiva nube / que sonríe desde arriba / bautizando nuestra mañana…" La personificación como un medio expresivo – "… darle cualidades características de las personas a objetos abstractos o inanimados". (*tomado de New Horizons, McClelland and Stewart Limited, Revised edition, Canada, 1965*) – se logra por medio de los verbos "sonríe" y "bautizando". Este medio lingüístico se da como resultado de la interacción de realidades que el poeta une, quien revela los nexos-implicaciones metafóricos que se sobreponen textualmente: "… la exclusiva nube… bautizando nuestra mañana…" Las líneas finales realzan esta invocación figurada concebida y lograda por Grove: "bautizando nuestra mañana / con un baño de sol / de expectativas".

Para placer mío, deseo revisar opiniones anteriores que he vertido sobre el estilo de Grove. En mi conclusión al libro *Dos mil diecisiete* (2018) de John B. Lee y Richard Grove, Sanbun Publishers, Nueva Delhi, India, dije, "La fuente de imaginería expresada por ambos poetas y la frescura de sus estilos no dejan de sorprenderme". Mi criterio sirve para caracterizar también a "Un baño de sol cubano".

Conozco personalmente a Richard Grove, lo llamo mi amigo. Puedo dejar dado por hecho que Tai (así lo llaman los amigos) es un hombre de muchas cualidades. Además de su nivel artístico en la fotografía y la escritura, su generosidad (demostrada en muchas ocasiones), su profunda fe, su manejo de las palabras y su don como orador público, también disfrutamos su sentido del humor. Lógicamente, está presente en su poesía. "Solo tengo ojos para ti mi amor" es un buen ejemplo de humor y del uso de medios expresivos, como el suspense y la repetición.

El suspense opera sobre los mecanismos anticipatorios que un poeta activa en el lector u oyente (no podemos olvidar la oralidad original de la poesía), por tanto su "propósito fundamental es preparar al lector para la… lógica conclusión de la expresión". (tomado de I. R. Galperin. Stylistics. Moscow Vyssaja Skola. 1981). Eso es lo que hace Grove apoyado en la repetición (otra oportuna herramienta expresiva) el estribillo inicial "Solo tengo ojos para ti, mi amor / pero debo confesar".

Grove no abandona las metáforas, "Solo tengo ojos para ti, mi amor, / pero debo confesar / la señorita entrada en carnes de tonos cobrizos, / besada por el sol del Caribe, / acariciada por la brisa cubana, / sonrió radiante para mí". Para describir de manera más realista la naturaleza de un poema, que recrea un hecho real, el poeta incorpora un toque *aparentemente* conversacional. Escribo aparentemente porque no tenemos la total certeza de cuánto sus palabras materializan de su actitud "confesional" en el acto palpable de la confesión.

Para crear un estilo conversacional, el poeta recurre a frases coloquiales y giros idiomáticos: "… una linda cubana que hay que seguir con la vista", "la… señorita, / … me sonrió radiante", "bronceado chico de juguete", / rubio, con pectorales tatuados…" (este último, una abreviación final en términos lexicológicos) [*esto es en inglés, pecs de pectorales*] a los que adiciona un ejemplo de palabra foránea, "señorita", para contextualizar la situación en lo cubano (idioma español).

La forma en que termina el poema, final inesperado, es la expresión de humor, apoyada por las maneras en que el poeta describe tanto a la "señorita" como al chico. Las últimas dos líneas, "Solo tengo ojos para ti, mi amor / pero debo confesar", son señales de amor sincero y la religiosidad que es parte de la profunda fe de Grove que mencioné anteriormente: nótese que en todas las estrofas anteriores el verbo "confesar" es transitivo (lleva un objeto directo); por otro lado, en la última línea este cambia a su función intransitiva (sin objeto directo), o sea, se transfigura en una alusión a un posible acto de confesión religiosa.

El poema final a analizar es "Una vista de contrastes". Grove muestra su pericia en la descripción de la naturaleza, ya sea canadiense o cubana, con excepcionales imágenes. Mientras lo hace, notamos además los contrastes que explicitó en su poema "Difícil creer que estamos en Cuba".

Muy descriptivo hasta el más mínimo detalle, "… el lamento de una seca tierra de arcilla roja / con horizontes delineados por palmas / cubriendo la homogeneidad de la espesura. / Exuberantes plantaciones de banana se extienden tiernamente ondulantes más allá de los valles / bohíos de campesinos concretos, techados con hojalata…", el poeta habla de una escena cotidiana en Cuba: "modestos, trabajados jardines lejos de / errantes, manchados cerdos y / cabras de barba blanca…"

El contraste se ve en sus líneas: "… las aventuras terminan, nos regresa / a la opulencia al estilo de Norteamérica llamada / comodidades de lino planchado…", reforzadas en las de cierre, "Hogar, más allá de abiertos pozos al borde del camino donde / después de la siesta / los campesinos riegan sus / burros cargados, / enviándonos de regreso con gentiles / sonrientes olas…" Grove ha descrito un escenario idílico, su nostalgia brota de entre las líneas, las metáforas vivas y en movimiento: "… gentiles / sonrientes olas".

He viajado con Richard Grove. Me he unido a una travesía de placeres con similitudes y contrastes, contenido y forma, texto y contexto, literalidad y tropos. Y he retornado para evocar, también, a mi Cuba.

# Poems in his book,
## *Two Thousand Seventeen*

India is a wondrous land of mystique to the outsider's eyes, a nation of reverence and love to its people. Richard Marvin Grove and John B. Lee were honored to see their book published in that country as well as translated into Hindi – the book is fully in English and Hindi. They touch hearts and nourish minds with the power of their unique voices. Their poetry sings of the every-day things that pulse in lives and minds above culture, language or creed: family, friends, love, respect, places and memories.

These motifs are served to the reader with delicate, humorous, intimate and honoring bits of nostalgia. Grove and Lee masterly and generously mold their distinctive style. Universal themes and subjects are recreated in their lines, bringing their lives to us, their remembrances of special locations that are special because their next of kin, their ancestors and their offspring, colored them with their presence through the years. Homeland is at the center of their writing, so are their families and many others whom they have met in their friendship-packed, ever-blessed journeys towards the timeless slumber.

There is kindness fluttering from Grove´s very first poem, "thank you gentle friend," which introduces the tone of the book. Intimacy and description of personal contexts flow from line to line in the book easing the Hindu reader into his world. The descriptive feature is evident in the poem "Bike ride was cold to iced edge":

> sunsets over lake
> grey pink quivers
> in February breeze.

A conversational mode characterizes Grove's poems, involving the reader, as an optimist, philosophical view rustles underneath:

> How wonderful it is to be digging.
> How wonderful to be able to dig.

The poet sings to the facts of life and living. He exults the physical act of digging in the garden – connecting with nature – and rejoices in the spirituality that emerges from it, emphasizing the gift of being "able to dig." This poem has bits of humor mixed with the huge relief the poet feels after his fall, that he can dig, that there were no sequels.

We will enjoy the great poet too, magical in his images, ones we can almost touch or feel to be direct witnesses to:

> Dimming cloudless sky rakes bare branches,
> black, resting in sliver moon's silver slide.
> Thousands upon thousands, waves
> of Red-breasted Mergansers dip and glide east,
> into darkness
> undulating, riding primitive tide of survival
> under Jupiter's timeless eye.

Grove is on fire, regaling us with these magnificently combined metaphors. One of Grove's poems in particular had an impact on me because I was born on September 11, 1965: "High Bluff Island September 11, 2010." Grove delineates natural scenery echoing spine-tingling sequels of the 2000 attack to the US towers:

> the seething cacophony
> of writhing life has turned
> to a battlefield of skeletal remains…
> twisted sun-bleached rags,
> progenitors legacy, now hollow
> shells, tomorrow's dust
> the foundation of life.

Yet, upon such vision, the poet seeks out faith, fortitude and confidence in "the foundation of life."

Grove´s section in this book is like a journal. He brings his ideas together in a symphony of love, family, friends, experiences and memories. He cannot write his poems without the outpouring of his everydayness. These elements will strike home with the Hindu soul in such a way that they will revel in his carefree yet committed-at-the-core style. One poem title summarizes, for me, the essence of Grove's signature as a poet, "In the Deep Heart's Core," shows all the power of his writing.

## In the Deep Heart's Core

*Owed to Yeats and his poem "The Lake Isle of Innisfree"*

I will rise tomorrow and return
to our home on-the-frigid-shores
of Lake Ontario
snow-laden deck. Pines
in the back, looming,
will greet me and I will have
some peace there
where calm whispers
through the silent red
of dogwood, branches
perched upon by darting chickadees
foraging in winter solitude.
Midnight there will glow in quiet
silver moon's still beam,
a calm that will hush
into my long silence.
I will rise tomorrow and go
into the squeaking footfalls
of a walk on a chill afternoon
hand in hand with Kim away from these
sand-swept shores
of Havana east. I can already hear
the ice calling me home,
a shore-washed welcome
of broken frazil. I hear it
in the deep heart's core
this shore-chattered welcome.

Below, I include some of the poems in the book. These poems blend faith, tradition, time, death, and much more, with outstanding expressive means and stylistic devices that never repeat themselves. The fountain of imagery expressed by both writers and the freshness in their style do not cease to amaze. And friends, always present in his poetry, like family.

## March 26, 2016

*for John B. Lee*

Dear John:
A few days ago we experienced a winter storm.
Everything was covered with an inch of ice.
Shining branches bowed in submission.
My car a glistening sculpture.
Against my better judgment
I went out for a walk on that day and slipped
and fell hard. Picture this Blue Bear,
as Adonay calls me, flying in the air
winter boots three feet off the ground
landing square on my back followed by
my coconut head cracking the ice.
I rolled to my side gasping. Ten seconds,
fifteen, twenty seconds passed
before I could haul a breath of life
back into my collapsed lungs.
In those twenty seconds I thought I was going to perish
without saying good bye to you. My lungs
billowed back to life as I lay on the frozen road.
Kim paralyzed, helpless, praying.
When you are trying to stand back up,
after a sack-of-potatoes fall like this,
in the middle of a frozen road
there is nothing to grasp but God's great wing.
I shimmied, danced and skated myself erect
back to my six feet, two inch view of the world.
That is a long way for a bulk like me to land
without a runway or parachute.

In contrast, today, only one day later
I am out working in the garden.
I just came in from doing some winter clean up
in the front flower bed – raking and pulling
dead plants from the sun-bathed earth,
ice still lingering in the shade,
beneath the bushes, on the north side of the house.
It is a sunny gorgeous fourteen degrees Celsius, iceless road,
cloudless sky – tonight promises to be plus three degrees.
I'm working in short sleeves,
wiping sweat from my brow as I dug.
How wonderful it is to be digging.
How wonderful to be able to dig.


## Aching to be on the Water
*March 22*

With morning blur I look past
burgundy blooms of my re-flowering orchid
to motionless grey branches.
Red-winged blackbirds and finches arrived last week.
As if in a panic, dogs barking at my heels, fire lapping,
I rummage for my life jacket. With a shrill
I blew the cobwebs from my emergency whistle,
grabbed my toque and gloves and headed to wake
my kayak from a five-month slumber.
Scratched over winter's dirty gravel shore,
I slip her belly into freezing lake,
skimming to freedom.
Fluffy flakes free-fall through
sullen sky, freckling
mirrored cove, melting
on bobbing green prow.
It is well past middle March
but still there were crystals of ice
on south shore hidden
in deep shadow, death clinging
to last year's rushes.

I paddled first into calm
testing my steel.
With confidence gained I headed north
past the tip of Salt Point into waves
of an east wind pushing quickening foam
over bow. I zipped my collar
tight, snugged the straps of my life jacket,
tilting my strokes towards lighthouse.
Gloved fingertips now wet and freezing,
lap splashed, bobbing wildly
in troughs of black.
I swing east around Boulder Island,
I glide west surfing,
by wind and waves, south back
into the leeside calm of cove.
As I drag my kayak from lapping shore
placed back into its bed of crunching leaves
my spirit sings.


## High Bluff Island September 11, 2010
*on the 9th anniversary of 9/11/01*

The island is eerily quiet now
still
goldenrods bowing gently
to fluff-headed thistles
sending their seeds, parachuting
next year's generation perpetuated
the seething cacophony
of writing life has turned
to a battlefield of skeletal remains
dead gulls, cormorants, terns,
twisted sun-bleached rags,
progenitors legacy, now hollow
shells, tomorrow's dust
the foundation of life.

# Raining

*July 14, 2016*

Dear Miguel
A clap of thunder
shook the house last night at two
in the morning. I was sound asleep
and leapt out of my skin. The rain
so strong.
I did not know the source of noise
– fire clawing at the house,
a jet engine blasting
outside my bedroom window.
I quickly fell back asleep and woke at five a.m.
to find the street dry,
the air heavy and grey
clearing to blue in the afternoon.
I found a wet raccoon in the live trap
that I had set the night before
I went to bed.
A family of bandits
has been ripping up my tomato plants
and attacking my bird feeders.
I will drive him to a forest where he can live
in peace with nature. My neighbour Brian
fed him a scrap for the ride.
I said I was going to drive my four-legged son
to camp. I hope he never comes home.
Today is a time for office work.
It looks like it might rain all day.
A good one for pushing words.
I hope Alina's arm is better.
Hugs from Canada,
Tai

# A Lament

I am reminded of how, as a boy,
I lazed in the tall grass gazing
past brilliant goldenrod
to black branches crisscrossing flaming maples.
I listen to the call of crows in the distance
and lament the closing of summer
the return to city noise,
with its cacophony of busy streets
after a lazy season
at grandfather's farm.
Bees buzz overhead, ants crawl and tickle
bare legs on cool damp ground.
Now at sixty I lie in the shadows
of my past and wonder –
Where went the quiet?
What's the need for fast living
beyond the puff of drifting milkweed
and the smell of autumn orange?

# November 7th, 2012

outside my office window
brilliant-blue filters
through yellowing leaves

# Bike ride was cold to iced edge

sunsets over lake
grey pink quivers
in February breeze

## Morning Expectations

Spring runoff
leaves sink in
swollen glistening pools
trees stand in their own
sky-filled, chilled reflections
long purple shadows mark
hope's expectations of longer days
birds will soon return
insects waking
life's cycle renewed
in this morning of change


## Now, Just Right Now, Stunned

today i am at my computer to
sky the blue of
forgiveness and i am looking
through my office window out past
the virgin green of nature's
burgeoning promise feeling that all
is well, and i see beyond this promise
to my neighbour's blushing
roses, magnificence so plentiful that
thorny boughs droop with innocence
weighted by last night's storm,
petals strewn, cheeky pink
on groomed green
pummeled but not broken

## As If Just For Me

It was a calm placid day, the lake still
not even the slightest shimmer of breeze
then this strange and distant sound
penetrating the tranquility.
At first I thought it hundreds
of children cheering – perhaps a soccer match
in progress but here in Presqu'ile? Unlikely!
Peering through spring-red dogwood to low haze
blanketing hushed lake, no evidence
of the source of cacophony, then all of a sudden
out of a heavy sky, one by one
then by dozens, then fifty,
then could it possibly be hundreds
Canada Geese honking, mirrored
by wing-tipped water arriving to splashdown
squawking, talking
as if they were there just for me.


# Poemas en su libro
## *Dos mil diecisiete*

La India es una maravillosa tierra de espiritualidad para los ojos del
extranjero, una nación de reverencia y amor a su pueblo. Richard Marvin
Grove y John B. Lee tuvieron el honor de publicar su libro en ese país
con una traducción al hindi – el libro está completamente en inglés e
hindi. Los dos poetas tocan corazones y nutren mentes con el poder de
sus voces únicas. Su poesía le canta a las cosas de lo cotidiano que pulsan
en las vidas y mentes por encima de cultura, lenguaje o credo: la familia,
los amigos, el amor, el respeto, lugares y recuerdos.

Estos temas se ofrecen al lector en toques de nostalgia delicados, jocosos, íntimos y rindiendo honor. Grove y Lee moldean su estilo distintivo con maestría y generosidad. Temas y asuntos universales se recrean en sus líneas, con lo que traen sus vidas a nosotros, sus remembranzas de lugares especiales que lo son porque sus parientes, sus ancestros y su descendencia, los marcaron con su presencia a lo largo de los años. La tierra madre está en el centro de sus escritos, así también sus familias y muchos otros a quiénes han conocido en sus travesías llenas de amistad y siempre bendecidas hacia el sueño eterno.

Hay bondad revoloteando desde el primer poema de Grove, "gracias, gentil amigo", el cual introduce el tono del libro. Intimidad y descripción de contextos personales fluyen de línea a línea en el libro ayudando al lector hindú a entrar a su mundo. El elemento descriptivo es evidente en el poema "El viaje en bicicleta fue frío hasta el helado borde":

> puestas del sol sobre el lago
> tremores gris-rosados
> en la brisa de febrero.

Un estilo conversacional caracteriza los poemas de Grove, involucrando al lector, mientras una visión optimista, filosófica murmura debajo:

> Cuán maravilloso es estar cavando
> Cuán maravilloso es ser capaz de cavar.

El poeta le canta a los hechos de la vida y del vivir. Alaba el hecho físico de poder cavar en el jardín – conectándose con la naturaleza – y se regocija en la espiritualidad que emerge de ello, enfatizando el regalo de ser "capaz de cavar". Este poema tiene elementos de humor entremezclados con el alivio enorme del poeta después de su caída, de que puede cavar, que no hubo secuelas.

Disfrutaremos al gran poeta también, mágico en sus imágenes, las cuales podemos casi tocar o sentir que somos testigos directos de ellas:

El atenuante cielo sin nubes barre ramas desnudas,
negro, descansando en el plateado descenso de la luna.
Miles y miles, olas
de Serretas Medianas se hunden y se deslizan rumbo este,
hacia la oscuridad
ondulando, montadas en la primitiva marea de la supervivencia
bajo el ojo infinito de Júpiter.

Grove está inspirado, regalándonos estas metáforas combinadas de manera magnífica. Uno de los poemas de Grove en particular tuvo un impacto en mí porque nací el 11 de septiembre, 1965: "Isla High Bluff septiembre 11, 2010". Grove delinea el escenario natural creando ecos que erizan la espalda de las consecuencias del ataque a las torres en EE.UU.:

la hirviente cacofonía
de la contorsionada vida se ha vuelto
un campo de batalla de restos de esqueletos...
retorcidos retazos blanqueados al sol,
el legado de los progenitores, ahora huecas
armazones, el polvo de mañana
la base de la vida.

Sin embargo, sobre tal visión, el poeta busca fe, fortaleza y confianza en "la base de la vida". La parte de Grove en este libro es como un diario. Conecta sus ideas en una sinfonía de amor, familia, amigos, experiencias y recuerdos. No puede escribir sus poemas sin expresar su cotidianeidad. Estos elementos calarán en el alma hindú de tal forma que se deleitarán en su estilo desenfadado pero comprometido hasta el fondo. Un título de poema que resume, para mí, la esencia de la firma de Grove como poeta, "En lo profundo del corazón", evidencia todo el poder de sus escritos.

# En lo profundo del corazón

*A Yeats y su poema "La isla lago de Innisfree"*

Me levantaré mañana y regresaré
a nuestra casa en las orillas frígidas
de la plataforma cubierta de nieve
del Lago Ontario. Pinos
a mi espalda, asomándose,
me saludarán y tendré
algo de paz allí
donde los serenos murmullos
entre el silencioso rojo
del corno, ramas
donde se posan los apresurados paros *
buscando comida en la soledad del invierno.
La medianoche allí brillará en el sereno
rayo inmóvil de la plateada luna,
una calma que se silenciará
en mi largo mutismo.
Me levantaré  mañana e iré
hacia los crujientes pasos
de un paseo en una tarde helada
de la mano de Kim lejos de estas
orillas barridas por la arena
del este de La Habana. Ya puedo escuchar
el hielo llamándome de vuelta a casa,
una bienvenida mojada de orillas
de cristales de hielo resquebrajados. La escucho
en lo profundo del corazón
esta bienvenida de orillas conversadoras.

* *Denominación que reciben algunas aves paseriformes de la familia*
*de los páridos, con el pico recto y fuerte, alas redondeadas y cola larga. (Parus.)*

A continuación, incluyo algunos de los poemas en el libro. Estos poemas mezclan fe, tradición, tiempo, muerte, y mucho más, con notables medios expresivos y recursos estilísticos que nunca se repiten. La fuente de imaginería expresada por ambos escritores y la frescura en su estilo siempre me sorprenden. Y los amigos, siempre presentes en su poesía, como la familia.

## Marzo 26, 2016

*para John B. Lee*

Querido John:
Hace unos días tuvimos una tormenta de invierno.
Todo quedó cubierto con una pulgada de hielo.
Ramas brillantes se inclinaron en sumisión.
Mi carro era una escultura resplandeciente.
Contra mi buen juicio
fui a dar una vuelta ese día y resbalé
y tuve una fuerte caída. Imagínate este Oso Azul,
como me dice Adonay, volando por el aire
botas de invierno tres pies sobre el suelo
cayendo sobre mi espalda seguido de
mi cabeza de coco quebrando el hielo.
Di vuelta sobre mi costado jadeando. Diez segundos,
quince, veinte segundos pasaron
antes que pudiera aspirar un sorbo de vida
de regreso a mis pulmones colapsados.
En esos veinte segundos pensé que iba a perecer
sin decirte adiós. Mis pulmones
se hincharon de vida otra vez mientras yacía en el helado camino.
Kim paralizada, impotente, orando.
Cuando tratas de pararte de nuevo,
luego de una caída de saco de papas como esta,
en medio de un camino congelado
no hay nada que asir sino la gran ala de Dios.
Me tambaleé, bailé y patiné hasta quedar de pie
sobre mis seis pies, dos pulgadas de mi visión del mundo.
Es bastante para un bulto como yo aterrizar
sin pista de aterrizaje o paracaídas.

Por contraste, hoy, solo un día después
estoy afuera trabajando en el jardín.
Acabo de entrar de hacer una limpieza de invierno
en el lecho de flores del frente – rastrillando y arrancando
plantas marchitas de la tierra soleada,
el hielo todavía presente en la sombra,
bajo los arbustos, en el lado norte de la casa.
Es un camino soleado hermoso de catorce grados Celsio y sin hielo,
cielo sin nubes – esta noche parece que será de tres grados sobre
cero.
Estoy trabajando en mangas cortas,
quitando el sudor de mi frente mientras cavo.
Cuán maravilloso es estar cavando.
Cuán maravilloso es ser capaz de cavar.


## Desesperado por estar en el agua

*Marzo 22*

Con lo borroso de la mañana observo más allá
de los brotes bien rojos de mi re-floreciente orquídea
hasta grises ramas inmóviles.
Mirlos de alas rojas y pinzones llegaron la semana pasada.
Como si en pánico, los perros ladran pegados a mis talones, el
fuego crepita,
revuelvo todo en busca de mi chaleco salvavidas. Con un chillido
aparté la telaraña de mi silbato de emergencia,
agarré mi gorra y los guantes y me dirigí a despertar
mi kayak de un sueño de cinco meses.
Arañándolo sobre la sucia orilla de gravilla del invierno,
ruedo su vientre hasta el lago gélido,
deslizándome a la libertad.
Mullidos copos de nieve
caen libremente desde
un sombrío cielo, cubriendo
la caleta que se refleja, derritiéndose
en la ondulante popa verde.
Estamos mucho más allá de la mitad de marzo
mas aún había cristales de hielo

en la costa sur escondidos
en la profunda sombra, la muerte aferrándose
a los juncos del año pasado.
Remé primero hacia la calma
experimentando mi ansiedad.
Una vez confiado me dirigí al norte
más allá de Salt Point hasta las olas
de un viento este tirando incrementada espuma
sobre la proa del kayak. Cerré mi cuello
bien, ajusté las correas de mi chaleco salvavidas,
inclinando mis remadas hacia el faro.
Las puntas de los dedos enguantados ahora húmedas
       y congelándose,
regazo salpicado, ondulando febrilmente
los negros espacios entre las olas.
Giro hacia el este alrededor de la Isla Boulder,
me deslizo al oeste surfeando,
en el viento y las olas, de vuelta al sur
hasta la calma de sotavento de la caleta.
En lo que arrastro mi kayak de la orilla que chapalea
hasta su lecho de crujientes hojas
mi espíritu canta.


## Un lamento

Me recuerdo de como, cuando era un chico,
remoloneaba en la hierba alta atisbando
más allá de las relucientes margaritas *
hasta las negras ramas entrecruzando arces flameantes.
Escucho el llamado de los cuervos en la distancia
y lamento el fin del verano
el regreso a los ruidos de la ciudad,
con su cacofonía de calles ajetreadas
después de una estación ociosa
en la granja de abuelo.
Las abejas zumban sobre mi cabeza,
       as hormigas se arrastran y cosquillean

las piernas descubiertas sobre el fresco húmedo suelo.
Ahora a los sesenta me quedo en las sombras
de mi pasado y me pregunto –
¿A dónde fue la calma?
¿Cuál es la necesidad de vivir apresuradamente
más allá del aliento de algodoncillo a la deriva
y el aroma de naranjas de otoño?

*Margaritas, goldenrods en inglés, ver el poema Isla High Bluff*

## Isla High Bluff septiembre 11, 2010
*en el aniversario de 9/11/01*

La isla está misteriosamente tranquila ahora
serenos
las margaritas inclinándose gentilmente *
desde los cardos con las puntas de pelusa
enviando sus semillas, lanzando
la generación del próximo año perpetuada
la hirviente cacofonía
de la contorsionada vida se ha vuelto
un campo de batalla de restos de esqueletos
gaviotas muertas, cormoranes, golondrinas de mar,
retorcidos retazos blanqueados al sol,
el legado de los progenitores, ahora huecas
armazones, el polvo de mañana
la base de la vida.

*Margaritas, goldenrods en inglés en el original, es una planta de la familia de las margaritas, con espigas altas de pequeñas flores de amarillo brillante (Género Solidago)*

# Lluvia
*Julio 14, 2016*

Querido Miguel
Un estruendo de trueno
estremeció la casa anoche a las dos
de la mañana. Estaba profundamente dormido
y desperté sobresaltado. La lluvia
tan fuerte.
Desconocía la fuente del ruido
– un fuego amenazando la casa,
el motor de un jet estallando
al lado de la ventana de mi habitación.
Pronto me quedé dormido y me desperté a las cinco am
para hallar la calle seca,
el aire pesado y gris
despejándose a azul en la tarde.
Encontré un mapache mojado en la trampa
que había preparado la noche anterior
al irme a la cama.
Una familia de bandidos
ha estado acabando con mis plantaciones de tomate
y atacando mis comederos para pájaros.
Lo llevaré en auto hasta un bosque donde pueda vivir
en paz con la naturaleza. Mi vecino Brian
le dio unas migajas para el camino.
Dije que iba a llevar a mi hijo de cuatro patas
a acampar. Espero no regrese a casa.
Hoy es un día de trabajo en la oficina.
Parece que podría llover todo el día.
Es un buen día para empujar palabras.
Espero que el brazo de Alina esté mejor.
Abrazos desde Canadá,
Tai

## Noviembre 7, 2012

fuera de la ventana de mi oficina
un brillante azul se filtra
a través de hojas amarillas

## Expectativas matutinas

El escurrimiento de hojas
de primavera fluye en
crecidos charcos refulgentes
los árboles se alzan en sus propios
reflejos helados de cielo
largas sombras púrpura indican
las expectativas de la esperanza de días más largos
las aves pronto retornarán
los insectos se despiertan
el ciclo de la vida se renueva
en esta mañana de cambio

## Ahora, justo ahora, estupefacto

hoy estoy ante mi computadora para
tornar en cielo el azul del
perdón y busco
más allá de la ventana de mi oficina
el verde virginal de la naturaleza
y su promesa en flor sintiendo que todo
está bien, y veo más allá de esta promesa
hasta las ruborizadas rosas
de mi vecino, la magnificencia tan abundante que
ramas espinosas se inclinan con inocencia
cargadas con la tormenta de anoche,
pétalos desparramados, rosado atrevido
sobre el pulcro verde
golpeado pero no estropeado

## El viaje en bicicleta fue frío hasta el helado borde

puestas de sol sobre el lago
estremecimientos gris rosados
en la brisa de febrero


## Como si fuera por mí

Era un calmado plácido día, el lago inmóvil
ni siquiera el más ligero temblor de una brisa
entonces este extraño distante sonido
penetrando la tranquilidad.
Primero pensé en cientos
de niños vitoreando – quizás un juego de fútbol
desarrollándose pero ¿aquí en Presqu'ile? ¡Improbable!
Atisbando a través del corno rojo de primavera hasta la tenue bruma
que cubría el mudo lago, no hallé evidencia
de la fuente de la cacofonía, entonces de improviso
desde un cielo cargado, uno a uno
luego por docenas, luego cincuenta,
luego pudo haber sido cientos
de gansos canadienses graznando, reflejados
por las aguas tocadas por sus alas llegando para amerizar
chillando, hablando
como su estuvieran allí por mí.

# Poems in his book,
## *The Divinity of Blue:*
## *The CCLA Visit to Cuba 2020*

In this "team" book, Grove regaled us with a string of Cuba-related poems finely worded, filled with curiosity and humor, much observant of a reality that intrigued him and appealed to his senses. Being the anthology a chronicle of different poets about a visit to Cuba, Grove precisely chronicles with keen style his own perspective of what happens. Grove waltzes elegantly between direct descriptions and eloquent metaphorical touches as the poem comes to an end:

### Over the Cuban Music

Leonard Cohen is with us
in someone's poem
in the Gibara bay-shore patio bar,
shaded by dancing palms.
Tony's unusually rare, glass beer mug,
presented by Miguel,
a trophy for his well-read poem,
sits in its own pool of sweat,
it is only a moderately hot day.
My lemonade sparkles as we read
ours and each other's poems,
raising our voices above the all-pervasive
ubiquitous Cuban music
filling every crevasse
between bobbing boats,
billowing over lapping shores
and sun shimmered tables.

Lured by the endless controversy as to where Christopher Columbus landed, Grove produces this lively piece with swift, skilled play on syntax and his unique sense of humor:

## Let's Hope
## They Never Invent a Time Machine

They say Columbus landed here in Gibara
or was it there in Bariay?
No, it was here.
No, not here,
not there, here.
No, no, here, no here!
here! here! here!


The next two poems continue to show us an amazed tourist who is discovering some of the charms that have made him grow fonder of Cuba, especially of Holguin. He is comfortable and happy at home yet misses his stays in Cuba:


## The Old Mirador Burro
*For Jorge and Miguel*

Dear Miguel, my Wingman:
It is trying to be a rainy spring day,
here in Ontario, March 03rd.
grey as the underbelly
of the old Mirador burro
that leans into his long hemp tether
contently, slowly chomping
at the weeds and grass in his reach.
Grey as wishing he could have another inch.
Me content with +4oc but grey as wishing
we both had our feet under Jorge's table
sipping on his strong black coffee
just sweet enough, enjoying 22oc.

## Tethered Circumference

A Burro down the hill
tethered to a palm tree
nibbled on a coconut
that fell at his feet.
The coconut scooted away
from him as he nipped, never
getting a fixed toothy grip.
Like a child losing his clutch
on a wet ball,
just too big to hold.
Now an inch out of reach,
rope restraining him
from his coconut frustration,
reaching, reaching, with futility.
Does he suppose
to stretch the rope
one meagre inch to finally reach?
I kicked the coconut ball back
into his tethered circumference
for his nibbling challenge.
I don't know if I did him a favour.

The Cycle of Not Waiting is a  reflective poet, acute, insightful, hopeful. He offers his views and looks at the "seed pots for the future":

## The Cycle of Not Waiting

The Flame Tree, dormant,
like the country,
is not patiently waiting
for spring to arrive
so it can once again bloom
in its cycle of brilliant glory.
There is no waiting.
It simply dangles
its long black jangles,
seed pots for the future,
in the breeze of change,
rattling its song
of hibernation.

A fable? A humorous one? A symbolic reconstruction of what camaraderie and friendliness ought to be in this turmoil world? Enjoy Grove's next poem:

## Heart of a Lamb

*For Laurence and Eva*

The lion, the antelope,
the bear and the humming bird
sat chatting over morning coffee
under the splendid
palm-thatched roof.
The lion with the heart of a lamb
bleated his way to get
the adoring antelope more coffee.


The next two poems are a tourist's journal. Witty, detailing everyday facts, both pieces depict, latent humor, the whereabouts of a man who is staying in a town, Gibara, and enjoying the routines:

## Begged Its Way In

The morning began
with a narrow sliver of light
that stole past burgundy curtains.
I turned over in refusal.
The inevitability of waking
crept in slowly. A horse cart
clattered past my window.
A motorcycle, a rooster,
a snorting pig squealed.
Without thinking
about my equatorial proximity
and the ocean breeze
that whispered outside my window
I plugged in the kettle
for instant decaf coffee,
coffee whitener from No Frills.
I chopped fresh papaya

slipping it onto a chipped saucer.
The familiar rhythm of salsa
begged its way into my morning
from a passing car.
I am finally awake.


Another anecdote in the many-layered course of events Grove lives
in Holguin, our next poem is narrative yet the poet cannot avoid his
mastery of expressive means with the excellent spin to the meaning of
*fracture*, passing from a primary meaning (possible bone fracture) to a
metaphorical one ("non-fractured souls"), using zeugma, which I
explained before in this book.

## Five Foot Fractures

Laurence is in the hospital
being pampered and coddled
by five pretty nurses, six doctors,
two x-ray technicians and
an adoring wife. The nurses
were all old girlfriends of Wency
or should I say "previous" girlfriends.
All very pretty and not at all old.
If it were not for the persuasive powers
of the Canadian CCLA president
they most certainly
would have amputated the fractured foot
and given it to Laurence in a plastic bag
with leftover rice. In the end all is well.
We celebrated the retention of the foot
with a pinna collate and a lunch
paid for by Eva and Laurence,
the great Canadian poets,
both with non-fractured souls.

# Variations: On the Way for Coffee

Breakfast finished, frying pan toast,
peanut butter and guava marmalade,
I make my way to Jorge's weaving
through horse-cart-clatter streets for coffee,
six sun drenched blocks. Smiling
I nodded a good morning
to a pleasant weathered old lady
sitting on her stoop
selling cups of brilliantly-black beans.
I didn't need beans but I buy beans again.
Half way to Jorge's I stop for a hug from Suzzie,
a happy-go-lucky hair dresser.
For some reason I have known her for years.
Her soft kind face greets me with broken English.
My broken Spanish fills in the gaps.
"Have you seen Momma,
our friend that likes the decaf coffee
I bring from Canada?"
She had an uncanny ability
to know when my coffee was being brewed.
She would show up at Jorge's window
with her toothless smile and ask,
"¿Es hora del café? / Is it coffee time?"
Heat from sunbaked pavement
is starting to rise, dogs
have found their shady spot
for their coiled "It's a dog's life" siesta.
Now too hot to sniff their way
to their next tossed morsel.
I sidetrack
my short journey to Jorge's by two blocks
to gaze, submerge my pink Canadian soul
into calm undulations, caressed by salt breeze.
Sand still clinging to wet feet I call
into the cavernous dark window,
Joorrrgeeee, Miiiichellle.

# Poemas en su libro
## *Lo divino del azul:*
## *La visita de la ALCC a Cuba en 2020*

En este libro "en equipo", Grove nos regaló un grupo de poemas relativos a Cuba hermosamente expresados, llenos de curiosidad y humor, bien observador de una realidad que le intrigó y apeló a sus sentidos. Al ser la antología una crónica de diferentes autores sobre una visita a Cuba, Grove justamente registra con agudo estilo su propia perspectiva de lo que sucede. Grove danza elegantemente entre descripciones directas y elocuentes toques metafóricos al final del poema:

### Con música cubana

Leonard Cohen está entre nosotros
en el poema de alguien
en el patio-bar a la orilla de la bahía de Gibara,
en las sombras de la palmas bailarinas.
La inusualmente extraña jarra de cerveza de Tony,
que Miguel le obsequió,
un trofeo por su bien leído poema,
descansa sobre su propio charco de sudor,
el día de hoy es solo moderadamente cálido.
Mi limonada burbujea en lo que leemos
nuestros poemas y los de otros,
elevando nuestras voces por encima de la dominante
omnipresente música cubana
ocupando cada grieta
entre oscilantes botes,
ondeando por sobre las orillas chapoteando
y las mesas relucientes por el sol.

Atraído por la interminable controversia sobre dónde Cristóbal Colón desembocó, Grove escribe esta vívida pieza con un expedito, habilidoso juego de sintaxis y su exclusivo sentido del humor:

## Esperemos que nunca inventen
## una máquina del tiempo

Dicen que Colón desembarcó aquí en Gibara
¿o fue en Bariay?
No, fue aquí.
No, aquí no,
No allá, aquí.
¡No, no, aquí, no aquí!
¡aquí! ¡aquí! ¡aquí!


Los siguientes dos poemas continúan mostrándonos un turista sorprendido que descubre algunos de los encantos que le han hecho prendarse de Cuba, especialmente de Holguín. Se siente cómodo y feliz en casa pero extraña sus días en Cuba:


## El viejo burro del Mirador

Para Jorge y Miguel
Querido Miguel, mi Copiloto:
El día intenta ser un lluvioso día de primavera,
aquí en Ontario, marzo 3.
gris como la parte oculta
del viejo burro del Mirador
que se inclina sobre su larga soga de cáñamo
contento, masticando lentamente
los matojos e hierbas a su alcance.
Gris como si quisiera poder tener una pulgada más.
Yo contento con 4 grados sobre cero pero gris como deseando
que ambos tuviéramos nuestros pies bajo la mesa de Jorge
sorbiendo su café fuerte
lo suficientemente dulce, disfrutando 22 grados sobre cero.

## Circunferencia enlazada

Un Burro colina abajo
atado a una palmera
mordisqueaba un coco
que cayó a sus pies.
El coco se deslizó
lejos de él mientras mordía, nunca
logrando un enganche dental sólido.
Como un niño que pierde su agarre
a un bate mojado,
demasiado grande para sostenerlo.
Ahora una pulgada fuera de su alcance,
la soga limitándolo
en su frustración de coco,
estirándose, estirándose, con futilidad.
¿Presume él
estirar la soga
una mínima pulgada para finalmente alcanzar?
Pateé el coco de regreso
hasta su circunferencia enlazada
para su desafío de mordisqueo.
No sé si le hice un favor.

El ciclo de no esperar es el poeta reflexivo, agudo, perceptivo, esperanzado. Ofrece sus opiniones y observa las "potes de semillas para el futuro":

## El ciclo de no esperar

El Árbol de la Llama, adormilado,
como el país,
no tiene paciencia para esperar
a que llegue la primavera
para poder florecer de nuevo
en su ciclo de brillante gloria.
No hay espera.

Simplemente balancea
sus largos negros tintineos,
potes de semillas para el futuro,
en la brisa del cambio,
sonando su canción
de hibernación.


Los siguientes dos poemas son el diario de un turista. Inteligentes, detallando hechos cotidianos, ambas piezas describen, con humor latente, el paradero de un hombre que está de paso en un pueblo, Gibara, y disfruta las rutinas:

## Entró implorando

La mañana comenzó
con un estrecho fragmento de luz
que fue más allá de las cortinas de burdeos.
Me viré en negación.
La inevitabilidad de despertar
se filtró lentamente. Un coche de caballos
repiqueteó de paso por mi ventana.
Un motor, un gallo
un escandaloso cerdo gruñó.
Sin pensar
en mi proximidad ecuatorial
y la brisa del mar
que susurraba al otro lado de mi ventana
conecté la cafetera
para hacer café descafeinado instantáneo,
café más claro de No Frills [sin lujos].
Corté fruta bomba fresca
poniéndola en un platillo astillado.
El ritmo familiar de salsa
entró implorando en mi mañana
desde un carro que pasaba.
Estoy finalmente despierto.

## Variaciones: Camino a un traguito de café

Terminado el desayuno, tostada en un sartén,
mantequilla de maní y mermelada de guayaba,
me voy camino a casa de Jorge zigzagueando
a través del traqueteo de coches de caballos
            en las calles para tomar café,
seis soleadas cuadras. Sonriente
saludé con la cabeza un buenos días
a una envejecida señora mayor
sentada en su porche
vendiendo potes de brillantes frijoles negros.
No necesitaba frijoles pero compro frijoles otra vez.
A medio camino de la casa de Jorge me detengo
            para un abrazo de Suzzie,
una gozosa peluquera.
Por algún motivo la he conocido por años.
Su suave afable rostro me saluda con un inglés malo.
Mi mal español rellena los vacíos.
¿Has visto a Mamá,
nuestra amiga a quien le gusta café descafeinado
que traigo de Canadá?
Ella tenía una misteriosa habilidad
para saber cuándo mi café se estaba colando.
Se asomaba a la ventana de Jorge
con su sonrisa sin dientes y preguntaba,
"Is it coffee time? / ¿Es hora del café?"
El calor del pavimento castigado por el sol
comienza a subir, los perros
han encontrado su sitio a la sombra
para su recogida siesta de "Es una vida de perros".
Ahora demasiado caliente para olfatear la dirección
al próximo pedazo de comida que le tiren.
Me distraigo
en mi corto viaje a casa de Jorge por dos cuadras
para mirar, sumergir mi rosada alma canadiense
en las calmadas ondulaciones, acariciado por la brisa salada.
La arena aún adherida a mis pies mojados llamo
a la inmensa oscura ventana,
Joorrrgeeee, Miiiichelllle.

Otra anécdota en los múltiples sucesos que Grove vive en Holguín, nuestro siguiente poema es narrativo pero el poeta no puede evitar su maestría en el uso de medios expresivos con el excelente toque al significado de *fractura*, pasando de un significado primario (posible fractura de hueso) a uno metafórico (sin almas fracturadas), utilizando el zeugma, recurso que ya expliqué anteriormente.

## Fracturas de cinco pies

Laurence está en el hospital
siendo mimado y consentido
por cinco lindas enfermeras, seis doctores,
dos técnicos de rayos x y
una enamorada esposa. Las enfermeras
fueron todas antiguas novias de Wency
o debo decir "previas" novias.
Todas muy bonitas y para nada mayores.
Si no fuera por los poderes persuasivos
del presidente canadiense de la ALCC
seguramente
hubieran amputado el pie fracturado
y se lo hubieran dado a Laurence en una bolsa plástica
con arroz sobrante. Al final todo está bien.
Celebramos la salvación del pie
con una piña colada y un almuerzo
pagados por Eva y Laurence,
los grandes poetas canadienses,
ambos sin almas fracturadas.

¿Una fábula? ¿Divertida? ¿Una reconstrucción simbólica de lo que la camaradería y la Amistad debieran ser en este turbulento mundo? Disfruten el próximo poema de Grove:

## El corazón de un cordero
*For Laurence and Eva*

El león, el antílope,
el oso y el colibrí
conversaban sentados tomando un café mañanero
bajo el espléndido
techo forrado con palmeras.
El león con el corazón de un cordero
balaba para brindar
más café al adorable antílope.

# Poems in his book,
## *Flying on the Wings of Poetry*

I have heard old people comment that home is where your dreams are. While this is quite true in my experience, I must say in this book where Richard Grove accompanies other three poets, we are told dreams are also possible in other places that feel like home. Grove´s way to write about themes showing his involvement on an affective-creative level with geographies far from home, reveals a connection that we appreciate as readers. Grove cannot elude the charm, the magnetic force pulling him in, prompting him to craft fact-depicting, mostly experiential, strings-attached poetry.

Thus Grove´s poems travel with their exploring lines: "Jupiter perched on timeless horizon west over Los Caneyes. Twilight silver grey scanning the stars…" The poems also glide, rise, plummet with facts and feelings in a phantasmagoria of metaphors: "Only the imagination will know what will happen to those coins hurled into the Atlantic waves of tomorrow's fury. I am not sure that Poseidon will care much about a fistful of coins tossed into his salty treasure trove." And the poet suffers-admires: "If there is one axiom of life it is that man will survive with less. In Cuba there is enough love and camaraderie to go around."

Poetry nurtures, poetry uplifts; poets are everywhere, and it is their duty and pleasure to discern the many realities offered to us with different eyes and present them to people. This is what Grove has achieved, outstandingly, with his new proposal of poetry. Below, some of the poems in the book, which narrate, describe, reveal, portray realities—close, concrete or more abstract ones his sharp eye captures—the poet sees in his long walks outdoors and records with his acute poetic mind:

## Two Feet on the Ground

A shirtless tanned old guy, no shoes,
groping his way down the street
caught our attention. First I thought
he was sadly infirmed in some physical way.

Two feet on the ground, two hands on the wall,
walking ever so slowly.
It quickly became evident that he was
gob-smacked drunk.
Turning to Jorge, I said:
"I wonder what he is going to do
when he gets to the end of the wall."
Jorge and I laughed. He simply turned the corner
out of sight. Maybe he will walk
in an eternal rectangle. Round and round he goes.
An intimate relationship
with every brick and doorway of this city block.
When we reached the corner and
looked down the street, we found him
lying on his back, laughing out loud,
lifting his leg like a dog about to pee into the air.
He made a loud farting sound blowing air
on the back of his hand. Any ten-year-old boy
might do the same,
rolling on his back expelling joyful flatulation.


## Overcoming Gravity

An elderly man fell
against the wall slumping,
sliding slowly on to the dusty sidewalk,
pulled by gravity's statement of down.
Two young men
still overcoming gravity very well
bolted to his rescue bringing him up
to his feet for now
defying what might be
the inevitable downward pull
that will eventually
take us all to a place of rest.

## Warming His Bench

There is a Cuban man
in a fine light grey suit,
pressed white shirt,
and a striking pink tie.
He is sitting six benches away from us
in the shade of a broad armed sausage tree.
Swollen swaying pendulums,
gently swinging back and forth,
back and forth, marking time for him.
His hair is bleached blond, shaved on the side.
I wonder if he is the driver of the new Peugeot
parked in the shade of a low hung tree,
beside the church, covered in leaves.
The twelve noon bell tolls, breaking the silence
that hangs with peace in the park.
He fidgets, tapping his heels, squirming
on the cool stone bench,
adjusting his fashion-statement sunglasses.
He is still filling time, warming the bench
when we move on refreshed, cooled.
He stays and waits and fidgets tapping his heels.


## The Special Period

The Flame Tree, dormant,
looks half dead every year,
year after year
while I am in Cuba visiting.
Its blanket of orange flowers
shimmer each spring, after I leave,
vibrant
against warming noonday skies.
In winter, for me,
it dangles its seed pods,
long, dry and black
spinning in near-naked branches

## Swollen Bellies of Prosperity

On our way to Bayamo the palm trees
have the swollen belly of prosperity,
the belly bulge of former wellbeing,
as do Cubans in prosperous times.
My brother Jorge emailed me a picture
of a cake to celebrate Michelle's birthday –
happy birthday dear sister.
More glorious, swollen-bellies-of-prosperity
years for her and family. Cake enough for all
while the country suffers
in the second wave of "The Special Period",
the cake may have been a bit smaller this year.
Not enough bread,
not enough chicken,
not enough of just about everything.
But still enough cake for all.
The world is worried about the second wave
of Covid but Cuba is always worried
about the second wave of poverty inflicted
by the vindictive power of USA
president after president. Prez Trump
is the newest worst of the worst.
No swollen bellies of prosperity
in Cuba these days.

The previous poems give us a concerned human being, who suffers what we, his friends, suffer in the middle of difficult circumstances. His understanding of our situation shows, solemn, solidaristic, from poem to poem until he stumps his feet firmly in the previous poem:

> Cuba is always worried
> about the second wave of poverty inflicted
> by the vindictive power of USA
> president after president. Prez Trump
> is the newest worst of the worst..."

Yet again, the lyrical, observant poet resurfaces in the next poems:

## February Crescent,

Moon-Lit Night
Jupiter perched
on timeless horizon
west over Los Caneyes.
Twilight silver grey
scanning the stars
for the meaning of life.

## Reading Poetry in Cuba

Owed to Laurence
Reading with gentle Cubano music
wafting in the background,
with a gentle breeze,
the flutter of palm fronds
are all wonderful and preferable
but there is nothing like
reading with the crushing sound of ice
grinding in the background.

## For Amphitrite's Necklace

I flung my only faintly-faded boyhood imagination
with a fistful of contemporary Canadian coins
into the Sargasso Sea as a replacement
for the not so ancient Cuban coins
I found washed up on the sand-soft seas
of Guardalavaca beach. For years I have hidden
not so valuable items in oddball places.
A dollar bill placed in the frame behind a mirror,
an inscription to the person
that would finally take off the doorknob
years from now, a stack of books,

bagged and hidden in the wall after a renovation.
Only the imagination will know what will happen
to those coins hurled
into the Atlantic waves of tomorrow's fury.
I am not sure that Poseidon will care much
about a fistful of coins tossed
into his salty treasure trove,
though his Greek goddess wife, Amphitrite,
might want them strung around her neck
with alabaster shells.
For this boy, strolling slowly into his seventies
that fistful of treasure will feed me
all the way to my ocean swelled demise and beyond.

The above poems are rich in theme and focus. They transpire concern, critical stance, hope for the friends and the island the poet loves so much. We read meditative pieces, like "February Crescent," filled with imagery and an inquiring look into a question every poet poses, the meaning of life. The last poem, "For Amphitrite's Necklace," blends magnificently local and mythical realities. As Grove strolls across his seventies, poetry is part of "that fistful of treasure" that "will feed me."

# Poemas en su libro
## *Volando en las alas de la poesía*

He escuchado a personas mayores expresar que el hogar está donde están tus sueños. Aunque esto es una gran verdad en mi experiencia, debo decir que este libro en que Richard Grove acompaña a otros tres poetas, nos señala que los sueños también son posibles en otros lugares que se sienten como el hogar. La manera de escribir de Grove sobre temas que muestran su adhesión a un nivel afectivo-creativo a geografías lejos de su hogar, revela un nexo que apreciamos como lectores. Grove no puede eludir el encanto, la atracción magnética que lo involucra, motivándolo a crear poesía que describe hechos, mayoritariamente experiencial, comprometida.

De esta forma sus poemas viajan con sus líneas exploratorias: "Júpiter posado sobre el inmortal horizonte al oeste de Los Caneyes. Crepúsculo plateado gris explorando los astros…". También se deslizan, se elevan, caen en picada con hechos y sentimientos en una fantasía de metáforas: "Solo la imaginación sabrá lo que pasará a esas monedas tiradas a las atlánticas olas de la furia del mañana. No estoy seguro que a Poseidón le importe mucho un puñado de monedas lanzadas a su salado tesoro valioso".

Y el poeta sufre-admira: "Si hay alguna verdad en la vida es que el hombre sobrevivirá con menos. En Cuba hay suficiente amor y hermandad para seguir adelante".

La poesía nutre, la poesía edifica; los poetas están en todas partes, y es su deber y placer discernir las muchas realidades ante nosotros con ojos diferentes y presentarlas a la gente. Eso es lo que Grove ha logrado, de manera notable, con su nueva propuesta de poemas.

A continuación, algunos de los poemas en el libro, los cuales narran, describen, revelan, plasman realidades—cercanas, concretas o más abstractas que su penetrante ojo percibe—el poeta observa en sus largas caminatas al aire libre y las registra con la agudeza de su poética mente:

## Dos pies sobre la tierra

Un viejo sin camisa bronceado, sin zapatos,
andando a tientas por la calle
nos llamó la atención. Inicialmente pensé
que estaba tristemente discapacitado de alguna forma física.
Dos pies sobre la tierra, dos manos en la pared,
caminando tan despacio.
Se hizo evidente pronto que estaba
pasmadamente borracho.
Virándome hacia Jorge, le dije:
"Me pregunto qué va a hacer

cuando llegue al final de la pared".
Jorge y yo nos reímos. Simplemente viró en la esquina
y salió de nuestra vista. Quizás camine
en un eterno rectángulo. Vueltas y vueltas dará.
Una relación íntima
con cada ladrillo y portal de esta cuadra del pueblo.
Cuando llegamos a la esquina y
miramos la calle, lo encontramos
tumbado de espaldas, riéndose en voz alta,
levantando su pierna como un perro a punto de orinar al aire.
Produjo un ruidoso flatulento sonido soplando aire
en el dorso de su mano. Cualquier chico de diez años
haría lo mismo,
girando sobre su espalda lanzando alegres flatulencias.


## Venciendo la gravedad

Un viejo cayó
contra la pared desplomándose,
resbalando lentamente hasta la polvorienta acera,
empujado por la declaración de la gravedad de hacia abajo.
Dos jóvenes
aún capaces de vencer la gravedad excelentemente
corrieron a socorrerlo poniéndolo
sobre sus pies por ahora
desafiando lo que podría ser
la inevitable atracción hacia abajo
que eventualmente
nos llevará a todos a una posición de descanso.

## Calentando su banco

Hay un cubano
con un elegante traje gris claro,
camisa blanca planchada,
y una sorprendente corbata rosada.
Está sentado a diez bancos de nosotros
bajo la sombra de un árbol salchicha de amplias ramas.
Inflamados péndulos colgantes,
balanceándose suavemente de un lado a otro,
de un lado a otro, pautando el tiempo para él.
Su cabello es rubio blanqueado, afeitado a un lado.
Me pregunto si es el chofer del nuevo Peugeot
parqueado a la sombra de un árbol cercano al suelo,
al lado de la iglesia, cubierto de hojas.
La campanada de las doce se escucha, rompiendo el silencio
que pende en paz en el parque.
Se mueve inquieto, sonando sus talones, retorciéndose
sobre el frío banco de piedra,
ajustando sus gafas de sol de última moda.
Todavía hace tiempo, calentando el banco
cuando nos vamos renovados, frescos.
Él se queda y espera y se mueve inquieto sonando sus talones.


## El periodo especial

El Árbol del Fuego, latente,
luce medio muerto cada año,
año tras año
mientras estoy de visita en Cuba.
Su manto de flores anaranjadas
resplandece cada primavera, después que me voy,
vibrante
ante cielos de cálidos mediodías.
En invierno, para mí,
balancea sus vainas,
alargadas, secas y negras
girando en las ramas casi desnudas.

## Hinchados vientres de la prosperidad

Camino a Bayamo las palmas
tienen el vientre hinchado de la prosperidad,
la protuberancia del vientre de antiguo bienestar,
como hacen los cubanos en tiempos prósperos.
Mi hermano Jorge me envió una foto
de un cake para celebrar el cumpleaños de Michelle –
feliz cumpleaños querida hermana.
Más gloriosos, años de
hinchados vientres de prosperidad para ella y familia.
Cake suficiente para todos
mientras el país sufre
en la segunda ola de "El Periodo Especial",
el cake puede haber sido un poco más pequeño este año.
No hay suficiente pan,
no hay suficiente pollo,
no hay suficiente de casi nada.
Pero aún suficiente cake para todos.
El mundo está preocupado por la segunda ola
de Covid pero Cuba siempre está preocupada
por la segunda ola de pobreza impuesta
por el vengativo poder de los EE.UU.
presidente tras presidente. El Presidente Trump
es lo más reciente peor de lo peor.
No hay hinchados vientres de prosperidad
en Cuba en estos días.

Estos poemas nos revelan un ser humano preocupado, que sufre lo que nosotros, sus amigos, sufrimos en el medio de difíciles circunstancias. Se evidencia su comprensión de la situación, solemne, solidaria, en cada poema, hasta que se planta firme en el poema previo:

Cuba siempre está preocupada
por la segunda ola de pobreza impuesta
por el vengativo poder de los EE.UU.
presidente tras presidente. El Presidente Trump
es lo más reciente peor de lo peor.

Sin embargo, el poeta lírico, observador, renace en los siguientes poemas:

## Cuarto creciente de febrero, noche iluminada por la luna

Júpiter posado
sobre el inmortal horizonte
al oeste de Los Caneyes.
Crepúsculo plateado gris
explorando los astros
en busca del significado de la vida.

## Leyendo poesía en Cuba

A Laurence
Leyendo con suave música cubana
flotando en el fondo,
con una agradable brisa,
las vibraciones de las frondas de los palmares
son todas maravillosas y deseables
pero no hay nada como
leer con el sonido tintineante del hielo
rechinando en el fondo.

## Para el collar de Anfitrite

Eché a volar mi solo ligeramente desvanecida
        imaginación de niñez
con un puñado de monedas canadienses contemporáneas
lanzadas al Mar de Sargazo como remplazo
por las no tan vetustas monedas cubanas
que me encontré traídas hasta los mares de suaves arenas
de la playa de Guardalavaca. Por años he escondido
objetos no tan valiosos en lugares extraños.

Un billete de un dólar colocado en el marco
        detrás de un espejo,
una dedicatoria a la persona
que finalmente quitara el pomo de la puerta
en años venideros, un montón de libros,
metidos en un bolso y escondidos en la pared
        luego de una renovación.
Solo la imaginación sabrá lo que pasará
a esas monedas tiradas
a las atlánticas olas de la furia del mañana.
No estoy seguro que a Poseidón le importe mucho
un puñado de monedas lanzadas
a su salado tesoro valioso,
aunque su esposa, la diosa griega Anfitrite,
tal vez quisiera tenerlas alrededor de su cuello
con conchas de alabastro.
Para este chico, acercándose despacio a sus setenta
ese puñado de tesoros me sustentará
todo el camino a mi muerte de crecientes olas y más allá.


Estos poemas son magníficos en temas y enfoques. Transpiran preocupación, posición crítica, esperanza por los amigos y la isla que el poeta tanto ama. Leemos piezas contemplativas, como "Cuarto creciente de febrero", colmada de imaginería y una mirada inquisitiva a la pregunta que todo poeta se hace, el significado de la vida. El último poema, "Para el collar de Anfitrite", mezcla hermosamente contextos locales y míticos. Mientras Grove avanza por sus setenta años, la poesía es parte de ese "puñado de tesoros" que "me sustentará".

# Poems in his book,
## *The Heart Upon the Sleeve*

Grove's whole poetics absorbs creatively and originally what surrounds him and alights in his heart in an affectionate way that ricochets reaching the most demanding of readers. In his opening piece, he says,

> My skipped pebble rippled
> across star-filled sky.

In a resounding stunt, the pebble bounces on and off us in a display of metaphors.

The poems' tone is signed by close intimacy and sheer description of personal contexts, which flow from line to line. Eloquent features of dear love are unmistakably felt in the poem "For Mother Dear":

> My mother is a tower of kindness,
> and will always be such in the eyes of most.

A colloquial, warm mode characterizes some of the poems, involving the reader, as an optimistic view pulses, as for example in "An Idyllic Moment of Now":

> it is a beautiful summer day
> ... a smooth breeze – an idyllic moment.
> going to visit my daughter this afternoon.

I have stated before that Grove´s poetry is like a journal. He brings his ideas together in a symphony of love, family, pleasure, experiences, lancing pain and all sorts of memories. He cannot write his poems without the outpouring of his every-day living.

I have stated before that one of his key themes, so rooted in Canadian poets, is nature and how it conquers the soul and prompts it to craft breathtaking poems. "It would be enough" is a jewel in that sense, and in the implicit message of hope and beauty put together for us to enjoy right from the first stanza:

> If this view of wind-swept waves, grey,
> low-slung clouds
> with shafts of dazzling penetrating hope
> was all there was for me
> to set my gaze upon,
> then it would be enough.

I will never have enough from Grove´s poetry, and I am certain you will share my view once you read him:

## I Took it as a Sign to Start Singing

*Inspired by Rumi. Translated by Coleman Barks*

> Last night the full moon floated
> in the stillness of my cool,
> lake-view horizon.
> I took it as a sign to start singing*
> from my joy-filled heart.
> My skipped pebble rippled
> across star-filled sky.

> *\* This line is from the translated poem "The New Rule"*

## An Idyllic Moment of Now

*For Manuel in Cuba*

> right now, in this now of nows
> it is a beautiful summer day
> outside the office, high sun,
> cloudless skies, birds chirping,
> a smooth breeze – an idyllic moment.
> going to visit my daughter this afternoon.

# For Mother Dear

*Thanks to Miguel for his Father poem*

My mother is a tower of kindness,
and will always be such in the eyes of most.
She rises above us waging battles
with joy and a smile,
my brightest beacon
still with her ninety plus years
jubilant, bringing us light
on every encounter.
Eternal joy in my heart,
the hearts of so many.
My dear mother, a mirror,
I look into and hope
I find a bit of myself.
I know too few like her,
have no other standard but her, there
in the teachings of her example,
in the ethics of her giving that will linger
beyond the veil of good-bye
when her ashes take flight in the wind
that spreads her remembered joy
as we stand to honor her farewell.

## It Would Be Enough

If this view of wind-swept waves, grey,
low-slung clouds
with shafts of dazzling penetrating hope
was all there was for me
to set my gaze upon,
then it would be enough.
If this apple tree with gorgeous
fall-puckered apples, Christmas
ornaments glinting in setting sun,
deer candy hanging in reach
was all there was to set my gratitude
into a joyous leap,
then it would be enough.
If this warming, toe-caressing fire,
lulling me to sleep
with crackles of sun sparks
was all there was to be content about
and soothed by,
then it would be enough.

# Poemas en su libro
## *Emociones al descubierto*

Toda la poética de Grove absorbe creativa y originalmente lo que le
rodea y se posa en su corazón de una manera afectiva que rebota
llegando a los lectores más exigentes. En su pieza inicial, dice: "El
guijarro que arrojé chapaleó / a través del cielo estrellado". En una
resonante proeza, la piedra rebota sobre y desde nosotros en un
despliegue de metáforas.

El tono de los poemas está signado por una cercana intimidad y total
descripción de contextos personales, los cuales fluyen de una línea a la

otra. Elementos elocuentes de preciado amor se sienten inequívo-camente en el poema "A mi madre querida": "Mi madre es una torre de bondad, / y siempre será así en los ojos de muchos".

Un estilo coloquial, cálido caracteriza algunos de los poemas, que involucran al lector, mientras una visión optimista vibra, como por ejemplo en "Idílico momento del ahora": "es un hermoso día de verano / ... una suave brisa – momento idílico. / voy a visitar a mi hija esta tarde".

He dicho anteriormente que la poesía de Grove es como un diario. Enlaza sus ideas en una sinfonía de amor, la familia, el placer, las experi-encias, dolor penetrante y todo tipo de recuerdos. No puede escribir sus poemas sin que emane ese vivir cotidiano.

He planteado antes que uno de sus temas centrales, tan presente en los poetas canadienses, es la naturaleza y cómo esta conquista el alma y la impulsa a crear poemas impresionantes. "Sería suficiente" es una joya en este sentido, y en el mensaje tácito de esperanza y belleza unidas para que nosotros disfrutemos desde la primera estrofa: "Si esta vista de olas empujadas por el viento, grises, / nubes bajas / con rayos de deslum-brante penetrante esperanza / fuera todo lo que hubiera para / reposar mi mirada allí, / entonces sería suficiente". Nunca me cansaré de la poesía de Grove, y estoy convencido que compartirán mi criterio una vez que lo lean:

## Lo entendí como una señal para comenzar a cantar

*Inspirado por Rumi. Traducido por Coleman Barks*

Anoche la luna llena flotó
en la quietud de mi refrescante
horizonte con vista al lago.
Lo entendí como una señal para comenzar a cantar\*
desde mi corazón rebosante de alegría.
El guijarro que arrojé chapaleó
a través del cielo estrellado.

*\* Esta línea se tomó del poema traducido "La nueva regla"*

# A mi madre querida

*Gracias a Miguel por el poema a su Padre*

Mi madre es una torre de bondad,
y siempre será así en los ojos de muchos.
Se alza ante nosotros librando batallas
con alegría y una sonrisa,
mi más radiante faro
aún con sus más de noventa años
jubilosa, dándonos luz
en cada encuentro.
Felicidad eterna en mi corazón,
los corazones de otros tantos.
Mi querida madre, un espejo,
en el que miro y espero
encontrar un poco de mí.
Conozco muy pocas personas como ella,
no tengo otro paradigma que ella, allí
en las enseñanzas de su ejemplo,
en la ética de su entrega que perdurará
más allá del velo del adiós
cuando sus cenizas alcen el vuelo en el viento
que esparce su indeleble dicha
mientras de pie honramos su despedida.


# Idílico momento del ahora

*Para Manuel en Cuba*

ahora mismo, en este ahora de ahoras
es un hermoso día de verano
fuera de la oficina, un resplandeciente sol,
cielos sin nubes, aves cantando,
una suave brisa – momento idílico.
voy a visitar a mi hija esta tarde.

## Sería suficiente

Si esta vista de olas empujadas por el viento, grises,
nubes bajas
con rayos de deslumbrante penetrante esperanza
fuera todo lo que hubiera para
reposar mi mirada allí,
entonces sería suficiente.
Si este manzano con hermosas
manzanas encogidas, decoraciones
de Navidad tintineando en el sol poniente,
golosinas para las ciervas colgando al alcance de la mano
fuera todo lo que hubiera para convertir mi gratitud
en una pirueta de júbilo,
entonces sería suficiente.
Si esta cálida fogata, que acaricia los dedos de mis pies,
adormilándome
con chisporroteos de chispas de sol
fuera todo lo que hubiera para sentirse contento
y sosegado,
entonces sería suficiente.

# Poems in his Book,
## *Cuba's Blue Sky in My Pocket*

Because of its geographical location, Cuba has always been an attraction, either for political-economic reasons or for potential touristic development. Since 1959, the island´s natural and cultural charms have continued to attract tourists and boost our Cuban economy. The tourism industry in Cuba reached a new level in the 1990s. Thousands of visitors flow in every year to learn about the country, engage first-hand in its domestic life and rhythm, blend with its people, and enjoy its many assets. Cuba is the third-most popular foreign destination for Canadians (after the United States and Mexico) and Canada is Cuba's largest source of tourists.

For more than 30 years, our country has been the haven of a Canadian poet, Richard Marvin Grove (Tai). He has been visiting us, initially as a tourist, then going beyond into a more personal involvement. Since then he has gone on to meet with Cuban intellectuals and to establish the Canada Cuba Literary Alliance (CCLA) founded by him in 2004. He has also traveled the island visiting homes, universities and cultural centers.

Captivated by Cuba´s manifest beauties, Grove has devoted much of his time to respond to the poetic urges prompted in him by Cuba, its sights, its beaches, its people. That is how his enamored pen has been actively writing poem after poem, book after book about his beloved Cuba and its inhabitants.

Cuba has become a second home to Grove, a land that welcomed him in the 1990s and wrapped him in warm and loving arms never to let go that embrace. Grove remembers his experiences: *"Through many years of travelling as a tourist to Cuba with my wife, Kim, I fell in love with the country and its people. Over time, I made some bonding friendships as well as stimulating literary contacts. Eventually I was invited by UNEAC - the Union of Writers and Artists of Cuba - to come to the city of Holguín to do some workshops and participate in an annual literary festival…"* (taken from The Ambassador, volume 1, 2004)

Since Grove first founded the CCLA, the seeds germinated and grew into a living connection with Cubans. Manuel Velázquez, former CCLA VP, said about him: *"… his fascination with Cuban culture brought him to us... He walked our streets, entered our houses, talked to people and saw natural poetry growing in farms and towns, blooming in schools and in local city bohemia. Deep into Cuban cultural tradition, Tai found the musical cadences of a people… Moved by the daily practices of a Latino tradition of human touching, hugging and kissing… Tai brought it into his life and family. His natural capacity for empathy helped a cross-cultural transmutation that was spiritually rewarding."* (ibidem)

In his opening words for The Ambassador 2, 2004, Grove stated, *"The CCLA is proud of its simple but profound mission statement… The goal… is to advance literary solidarity between Canada and Cuba through the creative expression of poetry, prose, photography and art. Nothing will bond… peoples more strongly than sharing the creative process called art."*

He has been coming to Cuba once or twice a year for almost thirty years. He brings groups of Canadian authors to go on reading and writing tours, and then publishes their work. He has given readings, interviews and talks on publishing and writing around the world including Germany, New Zealand and Cuba. In the new Covid conditions, he has been invited to Webinars in Canada, India and Bangladesh.

He has had poems and prose published in many different periodicals around the world as well as having been published in over 50 anthologies. He is the artist and author of over 15 books. He lives in Presqu'ile Provincial Park with his freelance editor/writer wife, Kimberley Sherman Grove. At their Presqu'ile home they run a B&B called Presqu'ile Point B&B.

The poems treasured in this new book speak of his profound love and personal interpretation of a Cuba he fell in love with three decades ago (preluded in the previous book I analyzed) and has been his vibrating lover since. Even in the final hard days of 2020 with the Covid phantom, Richard Grove felt an itching nostalgia for Cuba. Spending a winter in Canada was something he had long left behind.

The poem "My Love for Cuba" is the best promo of the heartfelt words he poured on his writing pad:

Everywhere one looks
there are Royal Palms that tower
over emerald jungles that sing
with many species of birds but above
and beyond all this there are the Cuban people
with generous hearts, the heart of the country.

What we commented earlier about his admiration for the natural
and the social is mirrored in these lines. See how he continues:

This generous heart is not out there anywhere
in swaying palms and mist filled jungles
it is in the faces of the people,
in the hearts of my Cuban brothers and sisters.

Grove calls some Cubans his brothers and sisters. They are family;
he has proved his loyalty to his family in word and action for the last
thirty years. Pérez, Velázquez and Pérez talk about this: *"Family is very
important; it is the core of society; it is the core of the Canada Cuba Literary
Alliance as well. Richard comes to Cuba every year for that reason. He likes to visit
his friends, his Cuban family. It is a joy that makes the trip very special. He is a
man who loves his family."* (taken from the paper *"Cuba in the Heart of a
Canadian Poet,"* presented in a Canadian Studies international event held in
Holguín, Cuba)

He does not cease to enumerate why he keeps coming and coming,
despite hurricanes, blockade, tight personal budget, etc. His piece "My
Teeth Paid for Kim's Ring" is abundant in reasons, *"There are so many
reasons for going to Cuba aside from the obvious surf and sand, palm trees and sun,
different landscapes and friendly people…,"* which he summarizes in the last
line "There are lots of reasons to go to Cuba."

Spirituality was reinforced in Grove´s heart with his discovery of
Cuba. His travel poems, prose and books have left us memoirs of a
Canadian who, accompanied by his Cuban brother Manuel, bicycled
around the south and easternmost areas of Cuba to absorb the life and
lore of *"our homes and towns,"* as Manuel said. Notice how it transpires in
the poem "Overcoming Hills":

The valleys we left behind
the mountains before us
so breathtaking…
When the mind is full of beauty
body utters no complaints…
the ecstasy
of a face-to-sky glide
down the other side.

The humor referred to before cascades in Grove´s "Dígame, Talk to Me." In it, the contrast of peaceful rest and the shriek of technology:

All was quiet and calm. A benevolent breeze
whispered through fluttering palms
I basked in peace for over an hour
and then in shock I was pulled
back to earth by the energetic whine
of a cell phone ringing…
A young Cuban woman quickly
shuffled in her deep purse
pulled out her gleaming Samsung Galaxy II…

We also smile with "Kill You," where he resorts to pun and suspense until he unties the knot of intrigue with a funny spin of the proposal:

I'm going to kill you.
I'm going to kill you
if you keep bugging me…
the fly, I mean.

Grove´s enduring attachment to Cuba is reflected in a poem he wrote after the tragic airplane accident in Havana, May 2018. "Fallen Cuban Amigos" is filled with pain and indelible demonstration of how he feels about us. Read his first lines:

Dear immortal sisters and brothers
resting in our limited idea of mortality
in the cosmic realm
of your tender hearts.
You fell from heavenly heights
into the lap of our agony...


One of his most stimulating muses is the sea he adores. His contemplative character and unstoppable pen describe it in idyllic dabs. We feel exactly what he feels in "Silence of the Sea":

Moon light shatters
over the silent sea
through splinters
of breezeless crow-blue
reflections of palm fronds shiver
as we are splashed by silence.


The last line stirs the reader´s senses. Anticipated in *"palm fronds shiver,"* the poet´s intentional coupling of movement-sound-echoing onomatopoeic words like *"splashed"* and peace-embodying ones like *"silence,"* invites us to an instant of contrast only to strengthen the poem´s quiet, soul-fondling mood.

We enjoy his affair with nature and ocean in another poem, "Earth Bound Green Dips into Eternity of Blue":

On breezeless day
looking north from Gibara
tip of palm frond's draping arch
dips green
through cloudless horizon
into gentle
undulation's blue

The recurring "breezelessness" we read in both poems transmits a tranquility the poet cherishes and collects in his grateful skin. William Wordsworth said "Poetry is the spontaneous overflow of powerful feelings: it takes its origin from emotion recollected in tranquility." (taken from William Wordsworth, Lyrical Ballads. https://www.goodreads.com/author/quotes/64845.William_Wordsworth). Grove´s poems are an expression of all these conditions: emotion, powerful feelings, recollections, tranquility.

In addition, we appreciate the interplay of green and blue appealing to the eyes. He writes from the experience of his own senses and wants the reader to experience similarly. See how Grove explains his intimate affairs with Cuba: *Yes, we love the warm deep blue skies, the aqua marine ocean with its lapping sand-swept shores, the palm trees, coconuts ready to thud to mother earth but it truly is the people, their generosity of time and spirit…" "When it comes to sea, sand and palm trees we are all blessed by the beauty of the sea and landscape that we find in Cuba." (taken from his introductory words for* The Divinity of Blue: A CCLA Visit to Cuba 2020. Hidden Brook Press & Sand Crab Books, 2020*)*

The "*natural capacity for empathy*" Manuel comments about Tai, throbs in our next piece. Grove is pained in the Cubans´ pain and hardships. He masterfully plays with wonderful metaphors to voice beautifully his thoughts and concerns. He does more than just relate to our problems: Grove´s heart leaps out in a genuinely sentient stream of understanding, exhortation and support:

> "Needs and Worries"
> Green valleys and sparkling rivers
> are what I see in the faces
> of my dear Cuban friends even though
> their boat of hope bobs anxiously
> on the rough sea of worry…
> Dear people of Cuba,
> mis amigos, my soul mates
> hold steadfast to the lifeboat of hope…

See how he uses natural references – valleys, rivers – that he knows have a transcendent connotation, a soothing touch, to mold his tropes. He also employs a resource in the language, the use of *foreignisms*.

Stylistically speaking, it is the insertion of words or phrases from another language to build that culture into English context, to "*supply local colour... special care is taken to introduce... such language elements as will reflect the environment... may sometimes be used to exalt the expression of the idea, to elevate the language...*" (*taken from I.R. Galperin. Stylistics. Moscow Vyssaja Skola. 1981*).

While the foreign words retain their stylistic value in the poem, they surpass those borders to become a powerful affective token that shows how deeply moved the poet is and how truly identified. The poet is doing what Wordsworth has asked to do, "*Fill your paper with the breathings of your heart.*" (*ibidem, Wordsworth*)

The pleasure of the stay in our island and the nostalgia of leave-taking are finely expressed by Richard Grove in his poem "Sinking":

> The Cuban heavens
> zinged by Jupiter
> sinking night by night
> now below
> growing silver moon
> east into horizon
> above Gibara hilltop
> each night lower
> each night sadly closer
> to our steel wing departure

The poet does not stop at making generalizations of events, things or people. He names those he loves and dedicates emotional pieces to them or to places and things that symbolically represent them. Two examples of Cuban family for Tai are Jorge and Michelle, his brother and sister in Gibara. In "Ponderously Proud" Grove describes and encourages his dear friend:

> Who is this
> ponderous handsome Cuban man,
> quickly sailing past middle age,
> in a long sleeve shirt...
> Sit there dear brother of brothers,
> man of men and know that you

have done your best and deserve
to be ponderously satisfied
with what hard work has brought you.

He wrote a fine haiku-like poem to Michelle´s kitchen, which is an open door to birds looking for their daily food and a proof of their kindness, which encompasses family, friends and nature. In this heart-warming poem, Tai has raised an ordinary happening to a higher level. Writer Caroline Kennedy stated: *"Poems can even make ordinary moments seem extraordinary." (Author of She Walks In Beauty. Copyright 2011, Caroline Kennedy. Published by Hyperion. All Rights Reserved).* This is what Tai has achieved with the poem, an everyday sight we would otherwise not notice comes to our attention thanks to his recording it for posterity:

## Michelle's Kitchen

a flutter of white doves
scour the tile floor
pecking invisible crumbs

Tai´s love for Cuba and his friends shows in his introduction to the book *The Divinity of Blue* (analyzed here previously): *"... first person expression of gratitude for the beauty that we see in the flora and fauna of Cuba but on a metaphorical level it [the book] is an homage to all of the beauty that we find in Cuba including its people." (ibidem)* He is referring to the genesis of our next poem:

## They Simmered

I looked up and saw a large
stunning orange flower
in a tree over my head
surrounded by an equally
striking Cuban-blue sky.
I staggered and stopped
to take it in, to recognize
the brilliance of orange,
the divinity of blue.

No matter how much Grove impresses us with his devotion and poems, and how much he writes, his pieces do not cease to move us. The pleasure of being in Cuba lingers on not only in him: he wants to pass it on to friends. Enjoy this poem´s first lines. Again we see the welcome overlapping of words in Spanish, a sign of contextualization and affection, as I explained above:

## In My Pocket

I have been carrying a piece
of Cuba's brilliant blue sky
in my pocket for Anna
ever since Tony and she left Gibara.
It has jangled
with a precious Cubano peso
for Tony for days
singing a song of camaraderie.

Grove has also been able to grasp the Cuban essences and depict Cubans´ idiosyncrasy. With lines truly unruffled and humorous, as we find in so many pieces in his writing, we read poems with a sharp, amused understanding of our behavior. In between the pleasant registration of what he watches, we perceive the imagery strokes of his poetic brush. Enjoy these snippets:

## Shaken

A flock of Cubans arrived at pool's edge
like chattering Toti. A swoosh
of camaraderie flutters
from branch to branch, back and forth…
Children splash with joy of cool plunge.
Shrieking with pleasure, battle over
inflated pool ball…
the Cuban cacophony continues.
More families arrive,
the flock grows bigger, louder, shrinking
to calm only after the Cuban sun
finds its way behind distant palms.

The signature left by the stylistic treatment of Spanish words returns in "A Trip to Bayamo for Lunch." The poet sprinkles foreignisms here and there again to foster the Cuban gusto of where he is:

> … 1948 Chevrolet Stylemaster Coupe…
> This magnífico red and white
> USA made dream boat…
> For lunch we were guided
> by our dear little brother Wency,
> el hermano pequeño
> to a fine restaurant…
> the Rio Bayamo…
> serenaded by cinco ángeles
> while we had lunch…

Comfortably passing through the heightened atmosphere of the places, Grove embroiders soul-appealing metaphors, his sensitivity throbbing like the river he describes:

> … We stopped at the gently humming
> Town of Cauto Cristo to gaze down
> into the emerald waters of Rio de Cauto
> to be greeted by our ant-size shadows
> waving back at us,
> steel-girder bridge vibrating
> the soul of Cuba up through our feet…

Besides pleasure and humor, we read too a pensive poet, his meditative side poking and crossing the infinite enigmas of life, religiousness and hope enhancing the poem's significance:

### Eternal Hope

> Tall yellow grass
> swaying in breeze
> of eternal hope with
> century old roots

> of resilience
> reach deep
> to Soul's expectation
> that all is well.

But, he always comes back to the wavy arms of one of his greatest loves, the sea. Read this poem where Tai reveals himself as a fully involved fan of the ocean. Repetition of words and phrases, onomatopoeic echoes and a man´s bared heart, dance in "The Sea The Sea":

> the never ending thrashing sea
> thrashing, thrashing
> wind whipped thrashing
> the never ending thrashing
> of the never ending sea

Grove takes profound delight in the peacefulness he finds in Cuba. His relation to the island has been growing roots, which are now long enough to resist the test of time, distance, budget, Covid. See how he breathes in a Cuban moment of quiet:

> Today is the calmest of calm
> sunny Monday mornings,
> with a sliver of tranquil breeze,
> a Caribbean Salsa song pulses,
> not too loud, across the still pool…
> This is the all-is-well
> long-awaited moment
> I have been waiting for

Somewhere at the beginning, I alluded to the CCLA. I mentioned how it came to life and how it evolved. The CCLA has marked Richard Grove and *vice versa*. He founded it and has been its mastermind and soul for years. It has been active for 20 years, bringing together friends from chiefly Canada and Cuba, giving sense and purpose and destination to friendship, cooperation, respect and understanding.

Grove is aware of that. That is why he sincerely writes about it in:

## So Much More than Pudding

… We read poetry,
hugged and thumped each other on the back
as we reluctantly departed back
to the isolation of Hotel Mirador de Mayabe,
flying in the morning.
How could we ask for more love and camaraderie?
The CCLA has provided me
with so much more than
the joy of palm trees and poetry.


The book I am celebrating here amounts to a warm compilation of many of the poems our Tai has written inspired by Cuba and Cubans, or while staying in Cuba. These poems tell us of a spiritual man, a friend with solid attachment to what Cuba and the CCLA mean to him, to what Cubans have made him feel, learn and pen after almost three decades of his inevitable encounter with the divinity of blue he loves and the Cubanhood he admires and carries in his gentle heart.

I encourage readers to travel with Richard Grove (Tai) into his life and work, into the Cuba he sincerely depicts and cares for, into the friends who put new meaning and fresh hues to the wondrous gifts of sharing and loving. This is a necessarily brief approach to Tai´s oeuvre, to his creative flair, to his faith and generosity. Enjoy it as I have enjoyed reading and then writing about these poems.

In his prose poem "Letting in the Light," he closes with this sentence "*The afternoon promises to be filled with light.*" Well, with this book and with these poems – from the morning, throughout the afternoon, on into the evening and well into the night, there will remain the promise of light.

# Poemas en su libro
## *El cielo azul de Cuba en mi bolsillo*

Debido a su ubicación geográfica, Cuba ha sido siempre atractiva, ya sea por motivos político-económicos o por su desarrollo turístico potencial. Desde 1959, los encantos naturales y culturales de la isla han seguido atrayendo turistas y fomentando nuestra economía. La industria del turismo en Cuba alcanzó un nivel superior en los años 90. Miles de visitantes vienen cada año para aprender sobre el país, compenetrarse de primera mano con la vida y el ritmo nuestros, relacionarse con la gente, y disfrutar sus muchos elementos de valor. Cuba es el tercer destino turístico más popular para los canadienses (después de los EE.UU. y Méjico) y Canadá es la fuente mayor de turismo de Cuba.

Por más de treinta años, nuestro país ha sido el refugio de un poeta canadiense, Richard Marvin Grove (Tai). Nos ha estado visitando, inicialmente como un turista, luego haciendo sus visitas más personales. Desde entonces se ha reunido con intelectuales cubanos y creó la Alianza Literaria Canadá Cuba (ALCC) fundada por él en 2004. También ha viajado por la isla visitando hogares, universidades y centros culturales.

Captivado por las evidentes bellezas de Cuba, Grove ha dedicado mucho de su tiempo a responder a los impulsos poéticos que le han surgido por Cuba, sus vistas, sus playas, su gente. Es así como su pluma enamorada ha estado escribiendo activamente poema tras poema, libro tras libro sobre su adorada Cuba y sus habitantes.

Cuba se ha convertido en un segundo hogar para Grove, una tierra que le dio la bienvenida en los 90 y lo abrazó con cálidos y amorosos brazos para nunca soltarlo. Grove recuerda sus experiencias: *"A lo largo de muchos años de viajar a Cuba como turista con mi esposa, Kim, me enamoré del país y su gente. Con el tiempo hice amistades cercanas así como contactos literarios motivantes. Eventualmente fui invitado a la UNEAC - Unión de Escritores y Artistas de Cuba - a venir a la ciudad de Holguín para algunos talleres y participar en el festival literario anual..." (tomado de El Embajador, volumen 1, 2004)*

Como Grove había fundado inicialmente la ALCC, las semillas germinaron y crecieron en una activa conexión con los cubanos. Manuel Velázquez, previo Vicepresidente de la ALCC, dijo sobre él: ... *"su fascinación por la cultura cubana lo trajo a nosotros... Caminó nuestras calles, entró a nuestras casas, le habló a la gente y vio poesía natural brotando de granjas y pueblos, floreciendo en las escuelas y en la vida bohemia de la ciudad. Profundizando en la tradición cultural cubana, Tai descubrió las cadencias musicales de un pueblo... Emocionado por las prácticas cotidianas de una tradición latina de roce humano, abrazos y besos... Tai la incorporó a su vida y su familia. Su capacidad natural para la empatía le ayudó a cruzar la transformación intercultural que fue espiritualmente gratificante".* (ídem)

En sus palabras de apertura para El Embajador 2, 2004, Grove dijo, *"La ALCC se enorgullece de su simple pero profunda misión... El objetivo... es promover la solidaridad literaria entre Canadá y Cuba por medio de la expresión creadora de la poesía, la prosa, la fotografía y el arte. Nada une... a los pueblos más sólidamente que compartir el proceso creador llamado arte".*

Ha estado viniendo a Cuba una o dos veces al año por casi treinta años. Trae grupos de autores canadienses que se dedican a hacer giras para leer y escribir, y luego publica su trabajo. Ha realizado lecturas, entrevistas y conversatorios sobre la publicación y la escritura por todo el mundo incluyendo Alemania, Nueva Zelanda y Cuba. En las nuevas condiciones de la Covid, ha sido invitado a teleconferencias en Canadá, la India y Bangladesh.

Ha publicado poemas y prosa en muchas revistas en el mundo así como en más de 50 antologías. Es el artista y autor de más de 15 libros. Vive en Presqu´ile Provincial Park con su esposa, Kimberley Sherman Grove, quien es editora/escritora independiente. En su hogar de Presqu´ile llevan un B&B (Cama y Desayuno) al que llaman Presqu´ile Point B&B.

Los poemas que atesora en su nuevo libro hablan de su profundo amor e interpretación personal de una Cuba de la que se enamoró tres décadas atrás (lo que ya se veía en el libro que analicé antes de este) y que ha sido su vibrante amante desde entonces. Incluso en los duros días finales de 2020 con el fantasma de la Covid, Richard Grove sintió una nostalgia que le consumía por Cuba. Pasar un invierno en Canadá era algo que no era ya parte de su vida.

El poema "Mi amor por Cuba" es la mejor promoción para las sentidas palabras que vertió en su libreta de apuntes:

Donde quiera que uno mira

hay palmas reales que se elevan

sobre los montes esmeralda que cantan

con muchas especies de aves pero sobre

y más allá de todo esto están los cubanos

con corazones generosos, el corazón del país.

Lo que comentamos antes sobre su admiración por lo natural y lo social se refleja en estas líneas. Miremos cómo continúa:

Este generoso corazón no está allá afuera

en las oscilantes palmas y montes cargados de neblina

está en los rostros de la gente,

en los corazones de mis hermanos y hermanas cubanos.

Grove llama a los cubanos sus hermanos y hermanas. Son familia; ha probado su lealtad a su familia en palabra y acción estos últimos treinta años. Pérez, Velázquez y Pérez hablan de esto: *"La familia es muy importante; es el núcleo de la sociedad; es el núcleo de la Alianza Literaria Canadá Cuba también. Richard viene a Cuba cada año por esa razón. Le gusta visitar amigos, su familia cubana. Es un júbilo que convierte el viaje en especial. Es un hombre que ama su familia". (tomado del artículo "Cuba en el corazón de un poeta canadiense", presentado en un evento internacional de estudios sobre Canadá en Holguín, Cuba)*

No deja de enumerar porqué sigue viniendo y viniendo, a pesar de huracanes, el bloqueo, su presupuesto personal limitado, etc. Su pieza "Mis dientes pagaron el anillo de Kim" es abundante en razones, *"Hay tantas razones para ir a Cuba además de las obvias olas y arenas, palmeras y sol, diferentes paisajes y gente amistosa…"*, lo que resume en la última línea "Hay muchísimas razones para ir a Cuba".

La espiritualidad quedó fortalecida en el corazón de Grove con su descubrimiento de Cuba. Sus poemas de viaje, la prosa y los libros nos han dejado memorias de un canadiense que, acompañado de su hermano cubano Manuel, recorrió en bicicleta el sur y las áreas más al este de Cuba para asimilar la vida y el saber popular de "nuestros hogares y pueblos", como dijera Manuel. Nótese como esto transpira en el poema "Superando las colinas":

> Dejamos los valles atrás
> las montañas ante nosotros
> tan impresionantes…
> Cuando la mente está llena de belleza
> el cuerpo no se queja…
> el éxtasis
> de un viaje cara al cielo
> hasta el otro lado.

El humor al que hacíamos referencia anteriormente se desgaja en el poema de Grove *"Dígame, hábleme"*. En el mismo, el contraste de un descanso pacífico y el escándalo de la tecnología:

> Todo estaba tranquilo y en calma. Una benevolente brisa
> susurraba a través de las ondeantes palmeras
> yo me deleité en aquella paz por algo más de una hora
> y luego en sobrecogimiento fui empujado
> de vuelta a la tierra por el enérgico zumbido
> de un celular que timbraba…
> Una joven mujer cubana rápidamente
> registró en su hondo monedero
> sacó su flamante Samsung Galaxy II…

También sonreímos con "Te mataré", donde recurre al juego de palabras y el suspense hasta que desata el nudo de la intriga con un giro humorístico de la propuesta:

Te mataré.
Te mataré
si me sigues molestando...
la mosca, quiero decir...

El perdurable apego de Grove a Cuba se aprecia en un poema que escribió luego del trágico accidente de avión en La Habana, en mayo 2018. "Amigos cubanos caídos" está colmado de dolor y una indeleble demostración de cómo él se siente con respecto a nosotros. Léanse las líneas iniciales:

Queridos inmortales hermanas y hermanos
descansando en nuestra limitada idea de la mortalidad
en el dominio cósmico
de sus tiernos corazones.
Cayeron de las alturas celestes
hasta el regazo de nuestra agonía...

Una de sus musas más estimulantes es el mar que adora. Su carácter contemplativo y su pluma indetenible lo describen con trazos idílicos. Sentimos exactamente lo que él siente en "El silencio del mar":

La luz de la luna se resquebraja
sobre el callado mar
a través de fragmentos
negro-azules inmóviles *
reflejos de las copas de las palmeras tremolan
mientras nos salpica el silencio.

* *El color negro al que se refiere el poeta lo relaciona con el oscuro brillante de un cuervo*

La última línea agita los sentidos del lector. Anticipado en "*las copas de las palmeras tremolan*", el enlace intencional del poeta del movimiento-sonido-eco en palabras onomatopéyicas como "salpicados" y otras que inspiran paz como "silencio", nos invita a un instante de contraste solo para enfatizar el estado de ánimo calmado y acariciante del alma del poema.

Disfrutamos su idilio con la naturaleza y el océano en otro poema, "El verde de la tierra se sumerge en la eternidad azul":

> En un día sin brisa
> mirando al norte desde Gibara
> la punta de la copa de una palmera en arco plegado
> sumerge su verde
> a través del horizonte sin nubes
> en una gentil
> ondulación azul

La recurrente ausencia de brisa que leemos en ambos poemas transmite una tranquilidad que el poeta atesora y recoge en su agradecida piel. William Wordsworth dijo "*La poesía es el desborde espontáneo de fuertes sentimientos: se origina en la emoción recogida en la tranquilidad*". (*tomado de William Wordsworth, Lyrical Ballads. https://www.goodreads.com/author/quotes/64845.William_Wordsworth*). Los poemas de Grove son una expresión de todas esas condiciones: emoción, fuertes sentimientos, recuerdos, tranquilidad.

Además, apreciamos la interacción del verde y el azul que apela a la vista. Escribe desde la experiencia de sus propios sentidos y quiere que el lector experimente lo mismo. Obsérvese cómo Grove explica su relación íntima con Cuba: "*Sí, amamos los cielos cálidos profundos azules, el océano aguamarina con sus chasqueantes orillas llenas de arena, las palmeras, los cocos listos para golpear la tierra madre pero es realmente la gente, su generosidad de tiempo y espíritu…*" "*Cuando se trata del mar, la arena y las palmeras todos somos bendecidos por la belleza del mar y el paisaje que encontramos en Cuba*". (*tomado de sus palabras introductorias al libro Lo divino del azul: Una visita de la ALCC a Cuba en 2020. Hidden Brook Press & SandCrab Books, 2020*)

La "*capacidad natural de empatía*" de la que Manuel habla sobre Tai, late en nuestra próxima pieza. Grove se duele en los dolores y necesidades de los cubanos. Magistralmente juega con excelentes metáforas para expresar hermosamente sus pensamientos y preocupaciones. Hace más que solo identificarse con nuestros problemas: el corazón de Grove se solidariza en un flujo genuinamente sensible de comprensión, exhortación y apoyo:

> "Necesidades y preocupaciones"
> Verdes valles y ríos espumeantes
> es lo que veo en los rostros
> de mis queridos amigos cubanos aunque
> su bote de la esperanza ondula ansioso
> en el duro mar de las preocupaciones…
> Querido pueblo de Cuba,
> mis amigos, mis almas gemelas
> aférrense fuerte al bote salvavidas de la esperanza…

Nótese cómo utiliza referencias naturales – valles, ríos – que sabe que tienen una connotación trascendental, un roce de alivio, para moldear sus tropos. También emplea un recurso de la lengua, el uso de *extranjerismos*. Estilísticamente, es la introducción de palabras o frases de otra lengua para insertar esa cultura al contexto del inglés, para "*… darle un matiz local… se tiene especial cuidado en introducir… aquellos elementos del lenguaje que reflejen el contexto… puede ser utilizado algunas veces para exaltar la expresión de la idea, para realzar el lenguaje…*" (*tomado de I.R. Galperin. Stylistics. Moscow Vyssaja Skola. 1981*).

Aunque las palabras extranjeras retienen su valor estilístico en el poema, sobrepasan esos límites para convertirse en un indicador afectivo poderoso que muestra cuán profundamente conmovido está el poeta y cuán verdaderamente identificado. El poeta hace lo que Wordsworth ha dicho que ha de hacerse, "*Llena tu hoja con la respiración de tu corazón*". *(ídem, Wordsworth)*

El placer de su estancia en nuestra isla y la nostalgia de la despedida son exquisitamente expresados por Richard Grove en su poema "Hundiéndose":

Los cielos cubanos
atraídos por Júpiter
hundiéndose noche tras noche
ahora debajo
de la creciente luna plateada
al este hacia el horizonte
sobre la cima de la colina cada noche más hacia abajo
cada noche tristemente más cercanos
a nuestra partida en un ala de acero


El poeta no se detiene a hacer generalizaciones de sucesos, cosas o personas. Nombra aquellos que ama y dedica piezas emotivas a ellos o a lugares y cosas que los representan simbólicamente. Dos ejemplos de familia cubana para Tai son Jorge y Michelle, su hermano y hermana de Gibara. En "Solemnemente orgulloso" Grove describe y estimula a su querido amigo:


Quién es este
solemne apuesto hombre de Cuba,
navegando rápidamente más allá de los cincuenta años,
con una camisa de mangas largas…
Siéntate ahí querido hermano de hermanos,
hombre de hombres y ten la certeza de que tú
has hecho lo mejor y mereces
estar seriamente satisfecho
con lo que el duro trabajo te ha dado.


Escribió un excelente poema en forma de haiku a la cocina de Michelle, que es una puerta abierta a las aves que buscan su comida diaria y una prueba de su generosidad, la cual incluye a la familia, los amigos y la naturaleza. En este reconfortante poema, Tai eleva un suceso de todos los días a un nivel superior. La escritora Caroline Kennedy dijo: "*Los poemas pueden convertir momentos ordinarios en algo extraordinario*". (*Autora de Ella Avanza en su belleza. Derechos de autor 2011, Caroline Kennedy. Publicado por Hyperion. Todos los derechos reservados*). Es esto lo que Tai ha logrado con el poema, una imagen cotidiana que de otra forma nunca hubiéramos notado nos llama la atención gracias a que él la ha registrado para la posteridad.

## La cocina de Michelle

un aleteo de palomas blancas
exploran el piso de baldosas
picoteando migajas invisibles

El amor de Tai por Cuba y sus amigos se evidencia en su introducción al libro *Lo divino del azul (analizado aquí previamente):* "... *expresión de gratitud en primera persona por la belleza que vemos en la flora y la fauna de Cuba pero en un plano metafórico [el libro] es un homenaje a toda la belleza que vemos en Cuba incluyendo su pueblo". (ídem)* Se refiere a la génesis de nuestro próximo poema, "Emoción":

Elevé mi vista y vi una gran
flor anaranjada impresionante
en un árbol sobre mi cabeza
rodeados por un igualmente
imponente cielo azul cubano.
Me asombré y me detuve
para absorber todo, para reconocer
el brillo de lo naranja,
lo divino del azul.

Sin importar cuánto Grove nos impresiona con su devoción y sus poemas, y cuánto escribe, sus piezas no dejan de conmovernos. El placer de estar en Cuba perdura no solo en él: quiere transmitir esto a sus amigos. Disfruten las primeras líneas de este poema. Nuevamente vemos la bienvenida intercalación de palabras en español, una señal de contextualización y afecto, como expliqué antes:

## En mi bolsillo

Ando con un pedazo
del brillante cielo azul de Cuba
en mi bolsillo para Anna
desde que Tony y ella se fueron de Gibara.
Ha sonado
con un preciado peso cubano
para Tony desde hace días
cantando una canción de camaradería.

Grove también ha sido capaz de entender las esencias cubanas y describir la idiosincrasia de los cubanos. Con líneas realmente imperturbables y jocosas, como encontramos en muchas piezas en sus escritos, leemos poemas con un agudo, divertido entendimiento de nuestra conducta. Junto al registro placentero de lo que ve, percibimos los trazos figurados de su pincel poético. Disfruten estos fragmentos:

## Estremecido

Un tropel de cubanos llega al borde la piscina
como totis chachareando. Un torrente
de camaradería se agita
de rama a rama, para adelante y para atrás…
los niños chapotean en el júbilo de la zambullida gustosa.
Gritando con placer, se disputan
la inflada pelota de playa…
la cacofonía cubana continúa.
Más familias llegan,
el tropel crece, se vuelve más ruidoso, volviendo
a la calma solo después de que el sol cubano
se oculta detrás de palmeras lejanas.

La firma dejada por el tratamiento estilístico de palabras en español regresa en "Un viaje a Bayamo para almorzar". El poeta esparce extranjerismos por todos lados nuevamente para enfatizar el gusto a lo cubano desde donde está:

… un Chevrolet Stylemaster Cupé…
Este magnífico bote de ensueño
rojo y blanco fabricado en EE.UU…
Para almorzar fuimos guiados
por nuestro querido hermanito Wency,
el hermano pequeño
a un excelente restaurante…
el Río Bayamo…
con una serenata de cinco ángeles
mientras almorzábamos…

Pasando confortablemente por la enaltecida atmósfera de los lugares, Grove borda metáforas que llegan al alma, su sensibilidad pulsando como el río que describe:

… Nos detuvimos en el suave tarareo
del pueblo de Cauto Cristo para mirar
hacia las esmeraldas aguas del río Cauto
y recibir el gesto de nuestras sombras del tamaño de hormigas
que nos saludaban de vuelta,
el puente con vigas de acero vibrando
el alma de Cuba subiendo por nuestros pies…

Además de placer y humor, leemos también un poeta que medita, su lado pensativo aguijoneando y atravesando los infinitos enigmas de la vida, la religión y la esperanza realzando el significado del poema:

## Eterna Esperanza

Hierba alta amarilla
moviéndose en la brisa
de la eterna esperanza con
raíces de siglos
de resistencia
que llegan profundo
hasta la expectativa del Alma
de que todo está bien.

Pero, él siempre regresa a los brazos ondulantes de uno de sus grandes amores, el mar. Lean este poema donde Tai se revela como un devoto total del océano. Repetición de palabras y frases, ecos onomatopéyicos y el corazón expuesto de un hombre, bailan en "El mar el mar":

el infinito batiente mar
batiendo, batiendo
batiendo con el golpeo del viento
el infinito batir
del infinito mar

Grove se deleita en la paz que encuentra en Cuba. Su relación con la isla ha echado raíces, las cuales son ahora lo suficientemente largas para resistir la prueba del tiempo, la distancia, el presupuesto, la Covid. Veamos cómo él absorbe un instante cubano de tranquilidad:

Hoy la calma de las calmas
mañanas de lunes soleadas,
con un trozo de tranquila brisa,
una canción de salsa caribeña suena,
no muy alto, por la serena piscina…
Este es el todo está bien
el momento largamente ansiado
que yo he estado esperando

En algún momento al comienzo, hice referencia a la ALCC. Mencioné cómo surgió y evolucionó. La ALCC ha marcado a Richard Grove y vice versa. La fundó y ha sido su cerebro y alma por años. Ha estado activa por veinte años, uniendo a amigos fundamentalmente de Canadá y Cuba, dando sentido y propósito y destino a la amistad, la cooperación, el respeto y la comprensión.

Grove lo sabe. Por ello escribe con sinceridad sobre esto en:

## Mucho más que pudín

… Leemos poesía,
nos abrazamos y nos dimos golpecitos en la espalda
en lo que de mala gana regresamos
al aislamiento del Hotel Mirador de Mayabe,
para volar en la mañana.
¿Cómo podíamos pedir más amor y camaradería?
La ALCC me ha dado
mucho más que
la alegría de las palmeras y la poesía.

El libro que celebro aquí se convierte en una cálida compilación de muchos de los poemas que nuestro Tai ha escrito inspirado por Cuba y los cubanos, o mientras ha estado en Cuba. Estos poemas nos hablan de un hombre espiritual, un amigo con un sólido lazo de unión a lo que Cuba y la ALCC significan para él, a lo que los cubanos le han hecho sentir, aprender y poner en palabras después de casi tres décadas de su inevitable encuentro con lo divino del azul que ama y la cubanía que admira y lleva en su gentil corazón.

Invito a los lectores a viajar con Richard Grove (Tai) hasta su vida y su obra, hasta la Cuba que describe con sinceridad y que tanto le interesa, hasta los amigos que dan nuevo significado y frescos matices a los maravillosos regalos del compartir y el amar. Este es un acercamiento necesariamente breve a la obra de Tai, a su talento creativo, a su fe y generosidad. Disfrútenlo como lo he hecho yo leyendo y luego escribiendo sobre estos poemas.

En su poema en prosa "Dejar que entre la luz", cierra con esta oración *"La tarde promete estar llena de luz"*. Bueno, con este libro y con estos poemas – desde la mañana hasta la tarde, y seguido hasta el anochecer y profundo en la noche, siempre quedará la promesa de la luz.

# Closing poem

Readers surely noticed that in my Introduction, last paragraph, note between parentheses, I wrote "plus one." This book especially conceived and written to celebrate Tai´s 70th birthday—hence 70 poems, I knew however that it would see public light in 2024, which means Tai would be already on his 71st path around the sun. For this, and for a very marked, heartfelt reason, the demise of a friend's son, David, I am including poem 71. This poem is a hymn to hope and closure and deserves to be the final poem in this collection.

## Man is the loved of Love
*For David*

Dear Roger and Veronica.
I am so, so sad
to hear your news about your son.
David's mind had simply been hijacked.
For him, very little
linked him to what we might call reality.
The two of you were likely
his primary link, his connection
to knowing anything about love.
He is now,
finally,
understanding
that he is the loved of Love.
Without body and drugs in his way,
he is now seeing with clarity.
Nothing can take that away
from him now.
It is something that we will all
eventually understand
that we are
        the loved of Love.
I hope you all learn, sooner than later
that you are

the loved of Love.
Know that for yourselves
and for dear David.
He was, is now and always will be
            the loved of Love.
That was, and is, and always will be
            his true identity.
Your love for David
is part of that eternal love.
He was blessed
to know it through you.

My love, the love of Love,
goes out to you both,
my dear friends.

Tai x

*From the Christian Science Hymnal #406 – the last Stanza*

O joy that ever will remain,
Midst seeming sorrow, hate, and pain,
Our hearts to fill with this glad song
That soars above the mists of wrong:
Man is the loved of Love.

*Link to the full hymn –*

*https://www.christianscience.com/additional-resources/churches-societies-and-groups/resources-for-hybrid-services-and-activities/music-for-branch-church-services/hymns-400-499*

# Poema de cierre

Los lectores seguramente notaron que en mi Introducción, último párrafo, nota entre paréntesis, escribí "más uno". Este libro especialmente concebido y escrito para celebrar el cumpleaños 70 de Tai—de ahí los 70 poemas, yo sabía sin embargo que, este vería la luz pública en 2024, lo que quiere decir que Tai ya estaría en la trayectoria de sus 71 años alrededor del sol. Por ello, y por una muy marcada, sentida razón, el fallecimiento del hijo de un amigo, David, incluyo el poema 71. Este poema es un himno a la esperanza y a la resolución emocional y merece ser el poema de cierre en esta colección.

## El hombre es el amado del Amor
*Para David*

Queridos Roger y Verónica.
Estoy tan, tan triste
al escuchar la noticia sobre su hijo.
La mente de David simplemente había sido raptada.
Para él, muy poco
lo unía a lo que pudiéramos llamar la realidad.
Ustedes dos eran probablemente
su vínculo primario, su conexión
al conocimiento de algo sobre el amor.
Ahora está,
finalmente,
comprendiendo
que es el amado del Amor.
Sin su cuerpo ni sustancias de por medio,
está ahora viendo con claridad.
Nada puede arrebatarle
eso ahora.
Es algo que todos nosotros
lo entenderemos a medida que pase el tiempo
que somos los amados del Amor.
Espero que todos ustedes sepan, más temprano que tarde

que son
        los amados del Amor.
Sepan eso por ustedes
y por el querido David.
Él fue, es ahora y siempre será
            el amado del Amor.
Esa fue, y es, y siempre será
            su verdadera identidad.
El amor de ustedes por David
es parte de ese eterno amor.
Fue bendecido
por conocerlo a través de ustedes.

Mi amor, el amor del Amor,
va a ustedes dos,
mis queridos amigos.

Tai x


*Del himnario #406 de la Christian Science – última Estrofa*

Oh la dicha que siempre quedará,
En medio del aparente dolor, el odio, y la pena,
Para llenar nuestros corazones con este jubiloso canto
Que se eleva por encima de las nieblas de lo malo:
El hombre es el amado del Amor.

*Vínculo al canto completo –*
*https://www.christianscience.com/additional-resources/churches-societies-and-groups/resources-for-hybrid-services-and-activities/music-for-branch-church-services/hymns-400-499*

# Conclusions

This book addresses, briefly, one of Richard Grove´s multifarious sides, his being a poet. Each of his other aspects and his versatility as a one-man band deserve separate analyses. It seems quite auspicious to me that the word *grove*, according to English - advanced dictionary (*digital version*) means, among other entries, "a smaller group of trees than a forest, and without underwood, planted, or growing naturally as if arranged by art." Even the word *art* appears in this definition! One of its synonyms is *orchard* (Concise Oxford Thesaurus - *digital version*): "an inclosure containing fruit trees; also, the fruit trees, collectively…" (hEnglish - advanced dictionary -*digital version*)

This is Tai, a tree blossoming with poetry, the metaphorical fruit he offers his readers, which never ceases to appear in every season, as Canadian poet James Deahl tells us, "… poems must always be born anew." I have journeyed through some of Grove´s books, some of his poems in search of enlightenment and pleasure. I found both.

For an artist who did not know he was also a poet, the legacy he is leaving for posterity is amazing and extensive. Let´s thank God for showing him the way. Let´s thank Tai for having had such close encounter with poetry!

As is customary in me, I finish with a modest poem I wrote to Tai long ago (modified here). It is another way to pay tribute to his life and work.

### to bridge, to build"
*To Pilot Tai from Wingman Miguel*

you dig up time
from your tight no-time-window time:
gotta run
swamped in heaps of books, layouts
designs, projects
of Canadian and Cuban friends
who have dreams of publishing…

hidden brook press, sandcrab books
wet ink books, quodsermo publishing,

all of your brilliant plans
are always calling reveille:
your eyes weary
for so many nights in and nights out,
a sleepy sun dozes off on your shoulders,
the moon, feeling left out of the banquet of poetry,
emits a silver growl, nips your busy hand.

it´s mountains of duty for you
but patience and pleasure prop you up
to bridge
valuable friendship across the ocean
to build
art and lit out of
tender, unending generosity
that flows unstoppable from you.

# Conclusiones

Este libro se acerca, brevemente, a una de las muchas aristas de Richard Grove, el poeta. Cada uno de sus otros aspectos y su versatilidad como hombre orquesta merece análisis aparte. Es realmente prometedor para mí que la palabra *grove* (en inglés, apellido del poeta), según el diccionario hEnglish - advanced dictionary (*versión digital*) significa, entre otras entradas, "un grupo de árboles más pequeños que en un bosque, sin broza, cultivado, o creciendo de manera natural como si acomodados por el arte". ¡Incluso la palabra *arte* aparece en esta definición! Uno de sus sinónimos es *huerta* (Concise Oxford Thesaurus - *versión digital*): "un espacio cerrado que contiene árboles frutales; también, los árboles frutales, en su conjunto…" (hEnglish - advanced dictionary - *versión digital*)

Ese es Tai, un árbol floreciendo con poesía, la fruta metafórica que ofrece a sus lectores, la que nunca deja de aparecer en cada estación, como nos dice el poeta canadiense James Deahl, "… los poemas tienen que renacer siempre". He hecho una travesía a lo largo de los libros de Grove, algunos de sus poemas en busca de ser edificado y encontrar placer. Hallé ambos.

Para un artista que no sabía que era un poeta también, el legado que deja a la posteridad es sorprendente y extenso. Demos las gracias a Dios por mostrarle el camino ¡Demos las gracias a Tai por haber tenido tan cercano encuentro con la poesía!

Como es habitual en mí, termino con un modesto poema que escribí para Tai hace ya tiempo (modificado aquí). Es otra forma de homenajear su vida y su obra.

## levantar puentes, construir
*Al Piloto Tai del Copiloto Miguel*

sacas tiempo
de tu apretado tiempo sin tiempo:
estás apurado
envuelto en montones de libros, montajes
diseños, proyectos
de amigos canadienses y cubanos
que sueñan con publicar…

editora riachuelo escondido, libros cangrejo
libros tinta húmeda, editora quodsermo,
todos tus brillantes planes
dan siempre un toque de diana:
tus ojos cansados
por tantas y tantas noches enteras,
un soñoliento sol se adormila en tus hombros,
la luna, sintiéndose fuera del banquete de poesía,
emite un gruñido plateado, mordisquea tu ocupada mano.

son montañas de deber para ti
pero la paciencia y el placer te aúpan
para levantar
una amistad invaluable a través del mar
para construir
arte y literatura desde
una generosidad tierna, eterna
que fluye indetenible desde ti.

# References / Referencias bibliográficas

– RICHARD MARVIN GROVE. Beyond Fear and Anger. Hidden Brook Press. 1997.

– RICHARD MARVIN GROVE. Poems for Jack: Poems for the Poetically-Challenged. Richard Marvin Grove. 2001.

– The Envoy 88, June 2019.

– The Envoy 92, October 2019.

– A Small Payback, Ode to Victoria Lake. Hidden Brook Press, 2016.

– The Envoy 93, November 2019.

– RICHARD MARVIN GROVE. Cuba Poems. In Celebration of a Trip to the Caribbean. Hidden Brook Press. 2002.

– RICHARD MARVIN GROVE and JOHN B. LEE. Two Thousand Seventeen. Sanbun Publishers. New Delhi. India. 2018.

– RICHARD MARVIN GROVE et al. The Divinity of Blue: The CCLA Visit to Cuba 2020. Hidden Brook Press. 2020.

– JOHN B. LEE, ANTONY DI NARDO, LAURENCE HUTCHMAN, RICHARD MARVIN GROVE. Flying on the Wings of Poetry. Hidden Brook Press. 2020.

– LOURDES MARÍA GONZÁLEZ HERRERO, JOHN B. LEE, ROBERTO FRANCISCO MANZANO DÍAZ, RICHARD MARVIN GROVE. The Heart Upon the Sleeve / Emociones al descubierto. Bridges Series Books V / Libros Serie Puentes V. SandCrab Books. 2020.

– RICHARD MARVIN GROVE. Cuba Poems. (work in progress).

– OLIVÉ IGLESIAS, MIGUEL ÁNGEL. Bridges Series Books IV, Where the Heart Lies (SandCrab Books, 2018).

– OLIVÉ IGLESIAS, MIGUEL ÁNGEL. In a Fragile Moment: A Landscape of Canadian Poetry (Hidden Brook Press, 2020).

– OLIVÉ IGLESIAS, MIGUEL ÁNGEL. A Shower of Warm Light. Reviews and Essays on Canadian Literature (QuodSermo Publishing, 2021).

– OLIVÉ IGLESIAS, MIGUEL ÁNGEL. Flying on the Wings of Poetry (Hidden Brook Press, 2020).

– OLIVÉ IGLESIAS, MIGUEL ÁNGEL et al. The Divinity of Blue (Hidden Brook Press, 2020).

– OLIVÉ IGLESIAS, MIGUEL ÁNGEL (Editor). Bridges Series Books V, The Heart Upon the Sleeve (SandCrab Books, 2020).

– OLIVÉ IGLESIAS, MIGUEL ÁNGEL. "Architects and Epitomes. A Word about Three Canadian Poets: Richard Marvin Grove (Tai), John B. Lee and James Deahl. Comments on poetry they have published in The Envoy." IN A Shower of Warm Light. Reviews and Essays on Canadian Literature. 2021.

– OLIVÉ IGLESIAS, MIGUEL ÁNGEL. "My College Canada; My Sentimental Canada. A Brief Reflection on Canada and its Influence on Canadians and Cubans." IN A Shower of Warm Light. Reviews and Essays on Canadian Literature. 2021.

– Holy Bible. Zondervan Publishing House. Grand Rapids, Michigan. U.S.A. 1984.

# Appendix

To complement my comments on Grove´s poetry, I include the fine essay written by Professor Shireen Huq about his work. It was published in the book *On the Breeze of Canadian Literature*. International Reviews and Essays. QuodSermo Publishing, 2021. It gives us a valuable insight into Grove´s production, as it analyzes, *The Importance of Good Roots*, a book with both poetry and prose.

To be or not to be:
problems of modern human existence
in Richard Grove's
*The Importance of Good Roots*

PhD Shireen Huq. Full Professor

In a casual conversation with Richard Grove one day, I had asked the author if there was any significance in how he had interspersed poems with the fictional pieces in his book *The Importance of Good Roots* and whether he had consciously done so. He answered that there had been nothing conscious from his side. However, an attentive reading of the book suggests a close connection between the poems and the fictional pieces in the development of the main theme. This essay will first explore the theme that runs through the book. In the preface, the author suggests that the stories are about the ties of family and friends and the roots that bond people in spite of a hostile environment. This essay will look particularly into how these roots grow and thrive in a subversive soil. Who are the people whose voices we hear here? The essay will mainly discuss "Cemetery Walk", "The Slivers of Life", "5:20 p.m. Toronto", and "Never Coming Back", "What Could have Been, What Might have Been", and the title story "The Importance of Good Roots".

Let's take a look at some of the poems first. We begin with "Cemetery Walk".

"Cemetery Walk" begins with the poet/persona taking a walk through a cemetery with his camera, musing on the transience of time. We notice that the camera is 'poised' (p.1) to take pictures. Things are etched in our memories but pictures often trigger the memory and much attention has been given here on how memories are captured, retained, and erased. The camera suggests a wish to capture and build memories. Throughout the poem, he mourns the passage of time and the individual's futile attempt to hold it back. Eventually, time is the great destroyer. When Shakespeare wrote his memorable Sonnet 55 "Not marble nor the gilded monuments," "he had upheld the power of the 'word' (his poetry) that would outlast time but Grove does not express such beliefs. References to the headstones as "listing slabs" (p.1) made of "pitted white granite" (p.1) conjure before us images of such memorials (as headstones) eroded and destroyed by time. The slabs are already tilting with time and the granite has been beaten by time and hollowed by weather and erosion. In his words from the first stanza; "through a century of listing slabs / pitted white granite, / time-stained grey." (p.1) Death claims the human life and time claims man-made memorabilia! Through a skilful use of sound and visual imagery, Grove makes his poetic statement here. Everything will fall victim to time at some point or other. We'll all be forgotten. Grove ends his poem with these poignant lines; "no matter how deeply carved / no matter how deeply felt / will eventually fade / like graying goldenrod forever / past its prime / forgotten." (p.1) So the poet hears the whistle of a train, a commonplace sound, often irritating but now in the poet's musing about time, this common sound becomes uncommon and reminds him of the movement of time. Like the clinging red lichen, humans desperately humans battle time. People put fresh flowers on the graves, but fresh flowers wilt and die, so then they place plastic ones ; they chisel inscriptions on the granite headstones hoping granite will beat the destructive process of weather/time but they, too, are eventually eroded and words etched with so much love are lost forever. The poetic voice is despondent, filled with a sense of hopelessness. The rhythm, meter, and imagery of the poem work together to create this feeling of despondency.

If the reader is disappointed with the despondent note on which the poem seemingly ends, then I would suggest that the poem should be read through again for the ring of warning in the last line cannot be ignored! This could be taken as a reminder to wake up and Seize the Day*!

In "The Slivers of Life", we have a poem whose theme is boredom, frustration with life and above all, with human mortality. So we see the (poet?) wake up late, tired after another "late night" (p.4) and sit down with obviously nothing better to do than to watch the Dini Petti Show in midmorning which then rolls into night, midnight, and finally dawn (The show, as we know, reflected popular culture in Canada in the 1990s, featuring interviews with celebrities, actors, authors, singers and performers, as well as politicians, and local celebrities). Day rolls into night with no meaningful activity and at 4:00 a.m. he finds himself still awake sitting, with cold hands and feet, on the toilet, fully clothed, with the just loaded dishwasher whirring behind him. The author is blunt in his presentation of banality. "I sit on the toilet, now late at night, / 4:05 am to be exact. / The dishwasher that I had just loaded whirs / in the background, / my face pressed into hands, feet cold, naked." (p.4)

The image is so real, so every day that it hits us with the question: Is our existence as hollow as this! The whirring dishwasher and the television connect modern life with technology, as does the camera and the train in the poem "Cemetery Walk", discussed previously in this essay. In this poem "Slivers of Life", the connection becomes stronger, the poetic voice emerges clearer, the slivers of wax beside the burning candle reminding him of his own mortality. The wax and candle image is not new but the image of the toilet, the man sitting on the toilet, flushing the toilet, hauling up his pants and simultaneously thinking a profound thought hits us strongly. "The idea of a fragment of wax comes to mind, / you know the tiny pieces / that you peal up from a candle / or scrape with thumbnail from the tablecloth / beside a burning candle / those fragments that one can neither wash / nor even scrub away but / they beg to be picked or poked." (p.4)

This profundity of a thought about human mortality and the so very commonplace act of hauling up one's pants after flushing the toilet, clash so hard that it startles the reader. And yet, the image is also so very realistic the reader cannot fail to understand the plight of modern life where there is a constant battle between the 'littleness' of man and the 'greatness' of man, the 'meaninglessness' of life and the 'profundity' of life. The next day, as he looks at the slivers of wax and how they rekindle the candle, he is filled with the realization that it may be possible to still pick up the pieces and give meaning to life. To give meaning or not to give meaning to life is a human choice left to the individual will.

"5:20 p.m. Toronto" gives a grim picture of the reality of existence in Toronto, a city Richard Grove obviously knows much about. It reminds us of Eliot's London in The Wasteland. Suffocating, claustro-phobic are the two best words to describe this city. Using direct references, Grove situates his poem, not only by naming the city in the title but also through mention of places like University Ave or King Street car. Ironically, we know that Toronto is bordered by the sparkling blue Lake Ontario, but the poet chooses to ignore it and instead highlight on small, still dirty collections of water like "gutters" (p.7), toilets and tin cans of food to build up the image of a terrible lack of space for the individual's emotional growth. Darkness prevails in every image, be it when the Torontians are "flushed" (p.7) down the subway stairs or as they are packed like "captured" (p.7) trouts in "cans" (p.7). In every stanza, Grove builds up the image of a lack of space, spatial, emotional, and intellectual. Their world is stunted, and sadly, they have mutely accepted their individual anonymities. The 'comfort zone' of their world is a 'pond' which, as is commonly known, is a small body of 'still' water! It is an apt metaphor for the confined and shallow lives of the urban people of Toronto. Grove ends his poem with these sad but enlightened words, "…buried as deep as humanly possible / in their private knowledge that they / will sooner or later spill / from the urban river / into the comfort of their own pond." (p.7)

Every piece in this book, both poetry and prose, is filled with thoughts of life and 'death-in-life', and the individual's choice to either continue with this situation or surmount it and beat it. The short stories explore how the individual can do it. And so we move to the prose pieces. Let's look at "And never Coming back," which gives a telephone conversation between two friends. It is in the form of a dramatic monologue with one friend, Bob, continuing the conversation but Frank's presence is both seen and heard by the reader. The two friends have obviously not been in touch for some time. It is a story of one friend (Frank) dying and in the course of the conversation we notice how the human connections between the two friends disintegrate gradually.

It's interesting to note the breakdown step by step.

First, human connection by vision and touch. "Can I come and see you sometime?" (p.9). The answer is "No" from the other end.

Next, connection across space. "Email? How about email, can I still email you" (p.9)?

Again a 'No' from the other end.

Then it comes down to the outdated modes of communication: snail mail, phone. Finally, the Force that is the Creator and Destroyer of all relationships in the modern world: Money.

"What's the problem? Money, I'll send you some money, how much do you need? Money makes all problems disappear" (p.10).

In this case, money, too, is of no use, so this final comment comes from Bob.

"If you don't need money and you can't have email you might as well be dead man." (p.10)

We understand that Frank is dying and will soon join the people in the cemetery in the poem "Cemetery walk". But did he, before dying, reach out to relight his own candle, as in "The Slivers of Life"?

When we move to "What Could have Been What Might Have Been", we are faced with the question, Does the individual have a choice to decide his own life or is he simply the victim of his circumstances? If we think back about the faceless people in the poem "5.30 p.m. Toronto", we wonder how much inner force (or Life Force, as D. H. Lawrence would have said) they have, if at all, to surmount their circumstances and make human choices in life.

We see two friends meeting in an upscale Toronto café. Important to note, they 'slump' (p.20) and have 'joyless, somber looks on their faces (p.19). Mark obviously has done well in life for he wears a high-end pinstripe three-piece suit and gold cuff links. Mark also likes to throw his weight around. He takes business calls even during his conversation with Bob, a friend of 25 yrs. he has obviously not been in touch with for some time. There are numerous references in the text to his self-importance. Bob, on the other hand, is dressed casually and does 'little bit of this and that', "Whatever brings in some cash…like that" (p.20). So these two friends meet to reminisce over their friend Billy who had passed away and whose funeral perhaps they have come to attend.

Now what do they reminisce about Billy? And what do these reminiscences tell us about Billy? Each friend remembers what he wants to remember. Mark remembers Billy sprouted 100 weed plants in their living room so much so that the friends were afraid of getting caught. However, Bob remembers Billy to have sprouted only 10 weed plants, so Billy is different in the memories of the two friends. To Mark, Billy is a 'stoner', to Billy, he is another friend who smokes some weed. Why this happens, we can understand, when we understand the characters of the two friends. Mark lives, has lived within boundaries always  as is evidenced by his clothes and, even in his youth, he was always careful, watching his step, not taking risks. When, in youth, this group of friends, including Billy, visited the waterfalls, Mark restrained himself from jumping off the cliff like the others; later, as young men, the friends planned to invest in land together but Mark did not agree to the proposition for he did not believe in the viability of the business. Nothing wrong in that, for materially he has done better than the others. Mark lives by his head. Bob, on the other hand, is less rigid than Mark but he has his boundaries. He lives in the past and is unable to move on. Billy was spontaneous and lived by his heart. He's the one who jumped off the cliff first to save a kid who was lying face down in the water; he was the one who dove head first off the waterfalls where the friends went  for fun and frolic; he was the one "who wanted to push it just a bit further than the rest of us" (29). He was the one who went out into a storm in a canoe, without a life jacket and died. Why did he do it? Was he simply daring nature like Hemingway's old man in The Old Man and the Sea? Or did he choose to commit suicide because he didn't want to live like a captured trout in a can (5:20 p.m. Toronto)? The answer is open-ended. But the reader comes away with the feeling that of the friends Billy is the one who was not bogged down by codified restrictions but by his own choices. This moving story ends with these last lines; "Maybe we just gotta accept him for who he was. We'll have to do a proper toast to Billy Boy later with a beer at the Rex but for now coffee will have to do. Here's to the silly bastard and all the times we had together. I guess it's not a matter of what could have been or might have been." They both raised their coffees, clinked them together over the centre of the low table and slumped heavy back into their chairs. They sat ponderously quiet for the longest time.

Finally, we come to the novella "The Importance of Good Roots". Spread over eight brief chapters, this novella explores, once again, the complicacies of human existence in modern life. The story is mainly narrated by Mike but there is a third person narrator who steps in at times to fill in the gaps. The time span moves from the time Mike is a schoolboy to when he is a grown man showing how he evolves to maturity through the various stages. The title, at first glance, is flat. Good roots as is commonly understood, refers to good family origins. However good is a relative term and for our analysis of this novella we will not go by the traditionally understood meaning. The novella gives us Mike's relationships with his mother, grandmother and Mr. Barker. Both he and his mother have abusive relationships; him at the hands of his grandmother and her client Mr. Barker and his mother at the hands of Mr. Barker. Yet he brings himself to forgive both his grandma and Mr. Barker, both for his sufferings and his mother's. Where does he acquire this great quality of forgiveness toward those who made him suffer the most? Does it come from the people around him: his much-abused mother who showed her private parts to local boys for 25 cents, or his grandmother who ran a 'whorehouse' or Mr. Barker who seemed to derive special pleasure from beating him? Is it possible? More likely, from the bonding he sees between his mother and grandmother when they ate Kentucky Fried chicken together or when he sees his grandmother's pain at his mother's death.

Grove does a fine job painting a full picture for the reader as exampled here at the beginning of chapter 6. "Don't you just love corn season? I love strawberries; I love the sweet tiny peas when they first come out and I love fresh tomatoes sun hot off the vine but oh my gosh I love corn season the most. Some like their corn with butter, salt and pepper but I like my corn naked." Ma Reilly laughed out loud and slapped her thigh. "Katharine, I can just picture you eatin' your corn naked. Since you was just a little girl you always liked bein' naked. I would put you out on the clothes line in your harness so you could play and have the run of the backyard and I didn't have to watch you every minute. I would come out a few minutes later and find you naked as a jay bird. The only thing that you would have on is your harness. You always had to be naked no matter who was around. I would put you in your swim suit and put you in your little pool and you would get naked. I would put you to bed in your PJs and I would find you naked in the morning. I bet you still sleep in your nudity. I couldn't keep your clothes on you. There was nothin' bashful about you girl. You was as sweet and innocent as a little bug back then. I don't know what happened. One day you was a sweet child and the next you was pregnant."

But let us not overrule the impact of nature on a growing boy, nature with all its lushness, and splendor .The most important and confessional conversations Mike had with his friend were in open space, amid nature, beside a waterfall or lake, on the grass. We find him running from his abusive home and school and take refuge in a quiet corner on the grass with his friend. Nature has a tremendous healing and restorative power which may have impacted positively upon the young boy. Billy, too, before him, had run played amid nature with his friends. This ultimately leads us to conclude that urbanization does not allow for growth of the individual whereas nature allows for space to the individual, which leads to growth and fulfilment. Strong roots are bred in conducive environment and not through prestigious family origin unlike in popular belief.

The story ends with a compassionate conversation with his deceased mother. "Well there's not much else to say. I guess I had better go now. I got to drive north in the morning and I got a few things to do before I go. Oh I forgot to tell you that I ran into old man Barker. I told you that Grams had kicked him out sometime ago. Well I stopped to help an old guy who had a flat tire on the highway and it turned out to be him. He's just a harmless old guy now. I know you didn't like him much but somehow he turned ok. He just looked like any nice old man you would see. He didn't recognize me none and I didn't want to get into anything with him so I just let him drive off. I figure it would have cost me too much to drag up the past. I was trying to forgive him for the longest time. Now that I have seen him as an old man, fragile and even kind of innocent I just can't hold a grudge anymore. Ma, it turns out he has good roots after all. I just want to move on and not think about him and how nasty he was. It's kind of like tossing a slug into the bushes to see if he will live or not. It doesn't take any energy to toss him and it doesn't take any energy to just let him go on his way and forgive him. Anyway Ma, I gotta go now. I'll come back and visit again sometime soon. I love you, Ma."

From cover to cover this book is an excellent example of the author's preoccupations with human life, its transience, and the need, therefore, to live life on one's own terms; more specifically, to have the courage to make the right choice. Richard Grove is an author who has not lost his faith in humankind though he is aware of the dangers all around.

## References

Grove, Richard M. 2013. The Importance of Good Roots. SandCrab Books: USA (All references from Richard Grove's poetry and prose have been taken from this book).

*\* Seize the Day: title of Saul Bellow's acclaimed novel.*
*It means to make the most of the present moment.*

# Anexo

Para complementar mis comentarios sobre la poesía de Grove, incluyo el excelente ensayo escrito por la profesora Shireen Huq sobre su trabajo. Se publicó en el libro En la brisa de la literatura canadiense. Reseñas y ensayos internacionales. QuodSermo Publishing, 2021. Nos ofrece una perspectiva valiosa de la producción de Grove, al analizar un libro con poesía y prosa.

Ser o no ser:
problemas de la existencia humana moderna
en el libro de Richard Grove
*La importancia de las buenas raíces*

Dra. Shireen Huq. Profesora Titular

En conversación informal con Richard Grove un día, le había preguntado al autor si había algún significado en como él había entremezclado poemas con las piezas de ficción en su libro *La importancia de las buenas raíces* y si lo había hecho de manera consciente o no. Respondió que no había habido nada consciente de su parte. Sin embargo, una lectura enfocada del libro sugiere una estrecha conexión entre los poemas y la obra de ficción en el desarrollo del tema principal. Este ensayo explorará primeramente el tema central del libro. En el prefacio, el autor sugiere que las historias son sobre las relaciones de familia y amigos y las raíces que unen a la gente a pesar de un contexto hostil. Este ensayo echará un vistazo particularmente a como esas raíces crecen y proliferan en suelo turbulento ¿Quiénes son las personas cuyas voces escuchamos aquí? El ensayo analizará fundamentalmente "Paseo por el cementerio", "Fragmentos de vida", "5:20 pm Toronto", y "Para no regresar jamás", "Lo que pudo haber sido, lo que podría haber sido", y la historia que da título al libro, "La importancia de las buenas raíces".

Veamos algunos de los poemas primero. Comenzamos con "Paseo por el cementerio".

Este poema comienza con el poeta/ser humano paseando por un cementerio con su cámara, musitando sobre lo efímero del tiempo. Notamos que la cámara está "lista" (p.1) para tirar fotos. Las cosas se graban en nuestros recuerdos pero las fotos con frecuencia activan la memoria y mucha atención se le ha dado aquí a como los recuerdos son capturados, retenidos, y borrados. La cámara sugiere un deseo de atrapar y construir recuerdos. A lo largo del poema, él lamenta el paso del tiempo y el fútil intento del individuo de no dejarlo ir. Eventualmente, el tiempo es el gran destructor. Cuando Shakespeare escribió su memorable Soneto 55 "Ni mármol ni los monumentos dorados", "había defendido el poder de la "palabra" (su poesía) para sobrevivir al tiempo pero Grove no expresa tales creencias. Referencias a las lápidas como "losas de listados" (p.1) hechas de "granito blanco picado" (p.1) invoca ante nosotros imágenes de tales monumentos (como las lápidas) erosionadas y destruidas por el tiempo. Las losas ya se están deteriorando con el tiempo y el granito ha sido devorado por el tiempo y ahuecado por el clima y la erosión. En sus palabras de la primera estrofa; "a través de un siglo de losas de listados / granito blanco picado, / gris manchado por el tiempo". (p.1) ¡La muerte se lleva la vida humana y el tiempo reclama los objetos hechos por el hombre! Por medio de un hábil uso de imaginería sonora y visual, Grove plantea aquí un criterio poético. Todo será víctima del tiempo en algún momento. Todos seremos olvidados. Grove concluye su poema con estas punzantes líneas; "no importa cuán profundamente tallado / no importa cuán profundamente sentido / con el tiempo se apagará / como margarita agrisada para siempre / pasada su mejor época / olvidada". (p.1) Por tanto el poeta escucha el silbato de un tren, un sonido común, frecuentemente irritante pero ahora en las meditaciones del poeta sobre el tiempo, este sonido común se vuelve poco común y le recuerda el movimiento del tiempo. Como el colgante liquen rojo, los humanos desesperadamente humanos luchan contra el tiempo. La gente coloca flores frescas sobre las tumbas, pero las flores se marchitan y mueren, entonces colocan plásticas; cincelan inscripciones en las lápidas de granito esperanzadas que el granito vencerá el proceso destructivo del clima/tiempo pero ellos, también, se erosionan con el tiempo y las palabras grabadas con tanto amor se pierde para siempre. La voz poética está abatida, llena de un sentido de desesperanza. El ritmo, la métrica, y la imaginería del poema trabajan de conjunto para crear este sentimiento de desánimo.

Si el lector se decepciona con la nota de desánimo con que finaliza el poema, entonces sugiero que lea el poema otra vez ¡pues el toque de advertencia de la última línea no se puede ignorar! Podría entenderse como un recordatorio para que despertemos y ¡Nos aferremos al día*!

En "Fragmentos de vida", tenemos un poema cuyo tema es el aburrimiento, la frustración sobre la vida y sobre todo, sobre la mortalidad humana. Así vemos al (¿poeta?) levantarse tarde, cansado después de una "larga noche" (p.4) y sentarse con obviamente nada mejor que hacer que mirar el Show de Dini Petti a media mañana que se vuelve noche, medianoche, y finalmente el amanecer (el show, como sabemos, reflejaba la cultura popular en Canadá en los 90, presentando entrevistas con celebridades, actores, autores, cantantes y artistas, así como políticos, y celebridades locales). El día se vuelve noche sin ninguna actividad significativa y a las 4:00 am él todavía está despierto sentado, con las manos y los pies fríos, en el baño, totalmente vestido, con el fregador de platos acabado de llenar zumbando a sus espaldas. El autor es contundente en su presentación de la banalidad. "Me siento en el baño, ahora tarde en la noche, / 4:05 am para ser exacto. / El fregador de platos que acabo de llenar zumba / en el trasfondo, / mi rostro apretado contra mis manos, pies fríos, desnudo". (p.4)

La imagen es tan real, tan cotidiana que nos golpea con la pregunta: ¡Es nuestra existencia tan hueca como eso! El zumbido del fregador de platos y el televisor conectan la vida moderna con la tecnología, como hace la cámara y el tren en el poema "Paseo por el cementerio", analizado anteriormente en este ensayo. En este poema "Fragmentos de vida", la conexión se vuelve más fuerte, la voz poética emerge más claramente, los trozos de cera al lado de la vela encendida recordándole a él su propia mortalidad. La imagen de la cera y la vela no es nueva pero la imagen del baño, el hombre sentado en el baño, descargándolo, subiéndose los pantalones y teniendo simultáneamente un profundo pensamiento nos golpea duramente. "La idea de un pedazo de cera viene a la mente, / sabes los pequeños trozos / que quitas de una vela / o raspas con la uña del pulgar para quitarlos del mantel / al lado de una vela encendida / esos fragmentos que no se pueden lavar / ni estregar pero / que ruegan que los recojas o los escarbes". (p.4)

La profundidad de un pensamiento sobre la mortalidad humana y el acto tan común de subirse los pantalones después de descargar el baño, chocan tan fuertemente que sacuden al lector. Y sin embargo, la imagen es también tan real que el lector no deja de comprender la apremiante situación de la vida moderna donde una batalla constante entre la "pequeñez" del hombre y la "grandeza" del hombre, la ausencia de sentido" de la vida y la "profundidad" de la vida. Al día siguiente, al mirar los trozos de cera y como estos reavivan la vela, se da cuenta de que puede ser posible aún recoger los pedazos y dar significado a la vida. Para darle significado o no es una opción humana en manos de la voluntad individual.

"5:20 pm Toronto" ofrece una sombría imagen de la realidad de la existencia en Toronto, una ciudad que indudablemente Richard Grove conoce muy bien. Nos recuerda el Londres de Eliot en Las tierras baldías. Sofocante, claustrofóbica son las dos mejores palabras para describir la ciudad. Utilizando referencias directas, Grove ubica el poema, no solo al nombrar la ciudad en el título sino también mencionando lugares como University Ave or King Street car.

Irónicamente, sabemos que Toronto está rodeado por el azul destellante Lago Ontario, pero el poeta prefiere ignorar esto y en su lugar dar prominencia a pequeñas, todavía sucias acumulaciones de agua como "alcantarillas" (p.7), baños y latas de comida para crear la imagen de una terrible falta de espacio para el crecimiento emocional del individuo. La oscuridad se impone en cada imagen, ya sea cuando los habitantes de Toronto son "descargados" (p.7) por las escaleras del metro o cuando los empaquetan como "apresadas" (p.7) truchas en "latas" (p.7). En cada estrofa, Grove construye una imagen de la falta de espacio, espacial, emocional, e intelectual. Su mundo está atrofiado, y tristemente, han aceptado callados sus anonimatos individuales. La "zona de confort" de su mundo es una "laguna" que, como es del conocimiento general ¡es una pequeña masa de agua "inmóvil"! es una metáfora apropiada para las confinadas y superficiales vidas de la gente urbana de Toronto. Grove cierra su poema con estas tristes pero informadas palabras, "enterrados tan profundamente como es humanamente posible / en su conoci-miento privado que ellos / tarde o temprano se desbordarán / del río urbano / hacia el confort de su propia laguna". (p.7)

Cada pieza en este libro, tanto poesía como prosa, está colmada de reflexiones sobre la vida y "muerte-en-vida", y la opción del individuo de ya sea continuar con esta situación o superarla y vencerla. Los cuentos cortos exploran cómo el individuo puede lograr esto. Y de esta forma nos vamos a la parte de la prosa. Veamos "Para no regresar jamás", que nos presenta una conversación telefónica entre dos amigos. Está escrita en forma de monólogo dramático con un amigo, Bob, dando continuidad a la conversación pero la presencia de Frank es vista y escuchada por el lector. Estos amigos obviamente no habían estado en contacto hacía algún tiempo. Es la historia de un amigo (Frank) moribundo y en el curso de la conversación notamos como las relaciones humanas entre los dos amigos se desintegran gradualmente.

Es interesante notar el deterioro paso a paso.

Primeramente, la relación humana desde la visión y el tacto. "¿Puedo ir a verte en algún momento?" (p.9). La respuesta es "No" del otro lado de la línea.

Después, la conexión en el espacio. "¿Correo electrónico? ¿Qué tal correo electrónico, puedo escribirte?" (p.9)

Nuevamente un "No" del otro extremo.

Entonces todo se resume en los viejos modos de comunicación: correo lento, teléfono. Finalmente, la Fuerza que es el Creador y Destructor de todas las elaciones en el mundo moderno: El Dinero.

"¿Cuál es el problema? Dinero, te enviaré algo de dinero, ¿cuánto necesitas? El dinero hace que desaparezcan los problemas"(p.10).

En este caso el dinero, tampoco, es de utilidad, así que este último comentario viene de Bob.

"Si no necesitas dinero y no puedes tener correo ya mejor te mueres hombre". (p.10)

Entendemos que Frank está muriéndose y pronto se unirá a quienes están en el cementerio en el poema "Paseo por el cementerio" ¿Pero, antes de morir, intentó volver a encender su propia vela, como en "Fragmentos de vida"?

Cuando proseguimos con "Lo que pudo haber sido, lo que podría haber sido", nos enfrentamos a la pregunta, ¿Tiene la opción el individuo de decidir sobre su propia vida o es simplemente la víctima de sus circunstancias? Si volvemos a pensar en las personas sin rostro en el poema "5:30 pm Toronto", nos preguntamos cuánta fuerza interior (o Fuerza Vital, como hubiera dicho D. H. Lawrence) tienen, si alguna, para superar sus circunstancias y tener opciones humanas en la vida. Vemos dos amigos que se encuentran en un selecto café de Toronto. Es importante notar, ellos "se desploman" (p.20) y tienen "tristes, sombríos semblantes (p.19). Es indudable que a Mark le ha ido bien en la vida pues viste un elegante traje de raya fina de tres piezas y gemelos de oro. A Mark también le gusta mostrar quien es. Responde llamadas de negocios durante su conversación con Bob, un amigo de 25 años con quien obviamente no ha estado en contacto por algún tiempo. Hay muchas referencias en el texto a su auto-importancia. Bob, por otra parte, está vestido de manera informal y se dedica a "un poco de esto y aquello", "Lo que sea que dé algún dinero… así" (p.20). Entonces estos dos amigos se encuentran para recordar a su amigo Billy quien había fallecido y a cuyo funeral quizás hayan venido.

¿Ahora, qué recuerdan de Billy? ¿Y qué nos dicen estos recuerdos sobre Billy? Cada amigo recuerda lo que quiere recordar. Mark recuerda que Billy sembró 100 plantas de hachís en su cuarto tantas que los amigos tenían miedo que los atraparan. Sin embargo, Bob recuerda que Billy solo sembró 10 plantas, por tanto Billy es diferente en los recuerdos de los dos amigos. Para Mark, Billy es un "porrero", para Billy, él es otro amigo que fuma marihuana. Porqué esto sucede, podemos entenderlo, cuando entendemos el carácter de los dos amigos. Mark vive, ha vivido entre límites siempre como se aprecia en su vestir e, incluso en su juventud, siempre fue cuidadoso, midiendo sus pasos, evitando riesgos. Cuando en la juventud, este grupo de amigos, incluido Billy, visitaban las cataratas, Mark no se lanzaba del acantilado como los demás; luego como hombres jóvenes, los amigos planificaron invertir en tierras juntos pero Mark no estuvo de acuerdo con la idea pues no creía en la viabilidad del negocio. No hay nada de malo en ello, porque materialmente le ha ido mejor que a los otros. Mark vive según le dicta su cabeza. Bob, por otro lado, es menos rígido que Mark pero tiene sus límites. Vive en el pasado y es incapaz de seguir adelante. Billy era espontáneo y vivía según le dictaba su corazón. Es el que se tiró por el acantilado primero para salvar un chico que estaba bocabajo en el agua; fue el primero que se zambulló de cabeza en las cataratas donde sus amigos fueron para divertirse; fue el primero que "quiso siempre ir un poco más allá que los demás" (29). Fue el que salió en una canoa en medio de una tormenta, sin un chaleco salvavidas y murió ¿Por qué lo hizo? ¿Estaba simplemente retando la naturaleza como lo hizo el viejo de Hemingway en El viejo y el mar? ¿O prefirió suicidarse porque no quería vivir como una trucha capturada en una lata (5:20 pm Toronto)? La respuesta es abierta. Pero el lector se va con la sensación de que de los amigos Billy es el que no se ha empantanado en restricciones reglamentadas sino que vive por sus propias decisiones. Esta conmovedora historia concluye con estas últimas líneas; "Quizás debemos aceptarlo por lo que era. Tendremos que hacer un brindis adecuado por Billy Boy luego con una cerveza en el Rex pero por ahora café tendrá que bastar. Al tonto bastardo y a todos los momentos que pasamos juntos. Me imagino que no es un problema de lo que pudo ser o de lo que podría haber sido". Ambos levantaron sus cafés, los chocaron sobre el centro de la baja mesa y se tiraron de nuevo sobre sus sillas. Se quedaron sentados en solemne calma por un largo rato.

Finalmente, llegamos a la novela corta "La importancia de las buenas raíces". Presentada en ocho breves capítulos, esta novela corta explora, una vez más, las complejidades de la existencia humana en la vida moderna. La historia se narra sobre todo por Mike pero hay un narrador en tercera persona que entra a veces para llenar los espacios vacíos. El tiempo de la historia va de la época en que Mike era un chico de escuela hasta cuando ya es un hombre adulto mostrando cómo evoluciona hasta la madurez a través de varias fases. El título, a primera vista, no dice nada. Buenas raíces como se entiende comúnmente, se refiere a buenos orígenes familiares. Sin embargo buenos es un término relativo y según nuestro análisis de esta novela corta no nos iremos por el significado tradicional. La novela nos presenta las relaciones de Mike con su madre, su abuela y el Señor Barker. Tanto él como su madre tienen relaciones abusivas; él de manos de su abuela y el cliente de esta el Señor Barker y su madre de manos del Señor Barker. Pero llega a perdonar a su abuela y al Señor Barker, tanto por sus sufrimientos como por los de su madre ¿Dónde se le da esta gran cualidad de perdonar aquellos que le han hecho sufrir tanto? ¿Viene de las personas a su alrededor: su sobre-abusada madre que enseñaba sus partes privadas a los chicos del lugar por 25 centavos, o su abuela que dirigía un "prostíbulo" o el Señor Barker que parecía disfrutar de manera especial el darle golpes? ¿Es posible? Más bien, de la conexión que él ve entre su madre y la abuela cuando comían pollo frito Kentucky juntas o cuando ve a su abuela dolida en la muerte de su madre.

Grove hace un gran trabajo pintando un cuadro completo para el lector como se ejemplifica al comienzo del capítulo 6. "¿No te gusta la temporada de maíz? A mí me encantan las fresas; me encantan los dulces pequeños guisantes cuando recién salen y me encantan los tomates frescos solearse en la vid pero Dios mío me encanta la temporada de maíz más que todo. A algunos les gusta el maíz con mantequilla, sal y pimientos pero a mí me gusta el maíz solo". Ma Reilly se reía y se golpeaba la rodilla. "Katharine, puedo imaginarte comiendo tu maíz desnuda. Desde que eras una niña siempre te gustó estar desnuda. [*Nota del Traductor – Aquí hay un juego de palabras con el vocablo "naked" en inglés. Este significa desnudo, al descubierto, sin cubierta, expuesto, lo que hace que se pueda usar en inglés para el maíz (solo) o para una persona (desnuda)*]. Yo te ponía en la tendedera en tus andadores para que pudieras jugar y correr por el patio y no tenía que chequearte cada momento. Salía unos minutos más tarde y te hallaba más desnuda que un arrendajo. Lo único que traías era tu andador. Tenías que estar siempre desnuda sin importar quién estuviera presente. Yo te ponía en cama con tus pijamas y yo te encontraba desnuda en la mañana. Apuesto que aún duermes desnuda. No podía mantener ropa alguna en ti. No había nada tímido en ti chica. Eras tan dulce e inocente como un bichito en ese entonces. No sé qué pasó. Un día eras una dulce niña y al siguiente estabas embarazada".

Pero no descartemos el impacto de la naturaleza en un chico en crecimiento, la naturaleza con toda su exuberancia, y esplendor. Las conversaciones más importantes y confesionales que Mike tuvo con su amigo fueron en un espacio abierto, en medio de la naturaleza, al lado de una cascada o lago, en la hierba. Lo encontramos huyendo de su hogar y escuela abusivos y refugiándose en una tranquila esquina en la hierba con su amigo. La naturaleza tiene un tremendo poder curativo y restaurador que puede haber incidido positivamente en el joven chico. Billy, también, antes que él, había correteado por entre la naturaleza con sus amigos. Esto nos lleva finalmente a concluir que la urbanización no permite el desarrollo del individuo mientras que la naturaleza le brinda espacio al individuo, lo que lleva al crecimiento y la realización como persona. Raíces fuertes se dan en contextos propicios y no por medio de orígenes familiares de prestigio como se piensa popularmente.

La historia termina con una compasiva conversación con su madre fallecida. "Bueno no hay mucho más que decir. Creo que mejor me voy. Tengo que manejar hacia el norte mañana y tengo cosas que hacer antes de salir. Oh olvidaba decirte que me topé con el viejo Barker. Te dije que Abuela lo había botado hacía un tiempo. Bueno me detuve para ayudar a un viejo a quien se le había ponchado una goma en la autopista y resulta que era él. Ahora es un viejo inofensivo. Sé que no te gustaba mucho pero de cierta forma ya se reformó. Se veía como cualquier viejo buena persona que te podrías encontrar. No me reconoció y yo no quería enredarme en nada con él así que lo dejé que se fuera. Imagino que me hubiera costado demasiado traer de vuelta el pasado. Pasé mucho tiempo tratando de perdonarlo. Ahora que lo he visto como un viejo, frágil e incluso algo así como inocente ya no puedo guardarle rencor. Mamá, resulta que él tiene buenas raíces después de todo. Yo solo quiero seguir adelante y no pensar en él y en lo desagradable que fue. Es como tirar una babosa a los arbustos y ver si sobrevive o no. No requiere energía tirarlo ni requiere energía dejarlo que siga su camino y perdonarlo. De todas formas Mamá, tengo que irme. Regresaré a visitarte otra vez pronto. Te quiero, Mamá".

De inicio a fin este libro es un ejemplo estupendo de las preocupaciones del autor por la vida humana, su trascendencia, y la necesidad, entonces, de vivir la vida en nuestros propios términos; más específicamente, tener el coraje para tomar las decisiones correctas. Richard Grove es un autor que no ha perdido su fe en la humanidad aunque está consciente de los peligros alrededor nuestro.

# Referencias

Grove, Richard M. 2013. The Importance of Good Roots. SandCrab Books: USA (Todas las referencias de la poesía y la prosa de Richard Grove se tomaron de este libro).

*\* Aferrarse al día: título de la aclamada novela de Saul Bellow.*
*Quiere decir sacar lo máximo del momento actual.*

## About Richard Marvin Tiberius Grove / Tai

(Ontario, Canada, 1953)

Richard Marvin Tiberius Grove, otherwise known to friends as Tai, was born in Hamilton, Ontario, on October 7th, 1953, in a family of great sensibility towards artistic and cultural manifestations. He grew up in an environment highly favorable for poetry. He is a Canadian artist, writer, photographer and publisher. With both parents being artists and gallery owners, he had a unique and early introduction into the world of visual art; which is at the core of his being. His fascination with Cuba, the Cuban people and culture were the reasons why he brought them into his literary texts, his photography, his life and family. He has lovingly and passionately worked to promote literary and artistic solidarity between Canada and Cuba. His poetry, painting, photography and publication activism of Cuban authors and artists are highly praise-worthy. Canada and Cuba are a constant inspiration for his work.

He studied pottery at Mohawk College, design and pottery at Sheridan College, leading to his graduating in 1984 from the Experimental Arts Department at Ontario College of Art. In 1994 he graduated with honors from the Humber College, Arts Administration diploma program. In 2002 he returned to school to study computer courses relating to publishing. Since graduating from Ontario College of Art, he has exhibited in more than twenty solo and group exhibitions in Hamilton, Toronto, Boston, Calgary and Grand Prairie. He has his art in over thirty corporate collections across Canada.

Grove lived half of his life in Presqu'ile Provincial Park, halfway between Toronto and Kingston, in Southern Ontario, Canada and the other half in a condo in Toronto, Ontario. He identifies himself as a "settler", writer, Poet Laureate, publisher, photographer, artist based in Dish With One Spoon Territory (Toronto and Presqu'ile Provincial Park). He was appointed the Poet Laureate of Brighton, Ontario in 2020. He is also the Founding President of the Brighton Arts Council and the first appointed Poet Laureate of Brighton. He is the founder and former owner of Hidden Brook Press and now runs Wet Ink Books,

QuodSermo Publishing and SandCrab Books. He is the Founding President of the Canada Cuba Literary Alliance (2004). Its motto was to advance literary and artistic solidarity between Canada and Cuba through the creative expression of poetry, prose, photography and art. With the same motto, twenty years later, he was instrumental in expanding the CCLA to include all of the Caribbean. The CCLA is now the Canada Caribbean Literary Alliance (2024). It can be found on FaceBook at – https://www.facebook.com/groups/1116071296198055.

Many of his twenty plus book titles can be found on Amazon and eStores around the world. He can be found at www.WetInkBooks.com, where you will find a link to his literary magazine, Devour: Art & Lit Canada, one of Canada's premier culture magazines now also available in paper book form on Amazon and other eStores around the world. He has read his work and spoken on poetry, locally, nationally and internationally at the International Literary Festival Havana, Cuba (three times); Zoom feature reader at the Department of English, Jahangirnagar University in Bangladesh with John B. Lee; Feature reader at the JFK Institute in Berlin, Germany with Erica Ritter; taught poetry workshops at Trinity College School, Port Hope, Ontario; Bonn University, Germany; Union of Writers and Artists in Holguín and Havana, Cuba; in person feature reader at the International Literary Festival Christ Church, New Zealand; read on CBC radio with Patrick Lane; taught poetry at The University of Ciego de Ávila, Cuba; as well as been feature reader at a number of Canadian festivals and events.

Apart from being a published poet, he has also exhibited his poetry in acrylic on paper paintings as well as in audio sculptures. He has published over 100 poems and essays in periodicals around the world, and has been published in over 30 anthologies.

Among his books of poetry, short stories and memoirs are: *Beyond Fear and Anger, Poems for Jack: Poems for the Poetically-Challenged, A View of Contrasts: Cuba Poems, Cuba Trip-e-Book, The Family Reunion, From Cross Hill, Psycho Babble and the Consternations of Life, A Trip to Banes, Trapped in Paradise: Views of my Cuba, The Importance of Good Roots, Destination Cuba: A Cuba Memoir, Living in the Shadow, Some Sort of Normal,* etc.

His books of photography and digital painting include titles such as, *Sky over Presqu'ile, terra firma, Óxido Rojo, Substantiality, North of Belleville, In this We Hear the Light, Beyond the Seventh Morning and A Small Payback, Ode to Victoria Lake.*

He was an active member of the Canadian Poetry Association for ten years serving on the executive for seven years including five as President and was the VP of the Canadian Authors Association, Toronto Branch.

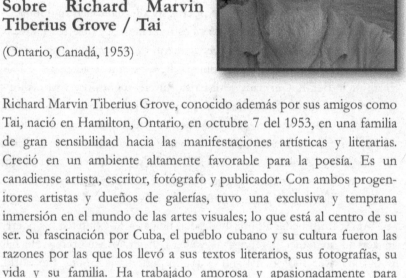

## Sobre Richard Marvin Tiberius Grove / Tai

(Ontario, Canadá, 1953)

Richard Marvin Tiberius Grove, conocido además por sus amigos como Tai, nació en Hamilton, Ontario, en octubre 7 del 1953, en una familia de gran sensibilidad hacia las manifestaciones artísticas y literarias. Creció en un ambiente altamente favorable para la poesía. Es un canadiense artista, escritor, fotógrafo y publicador. Con ambos progenitores artistas y dueños de galerías, tuvo una exclusiva y temprana inmersión en el mundo de las artes visuales; lo que está al centro de su ser. Su fascinación por Cuba, el pueblo cubano y su cultura fueron las razones por las que los llevó a sus textos literarios, sus fotografías, su vida y su familia. Ha trabajado amorosa y apasionadamente para promover la solidaridad literaria y artística entre Canadá y Cuba. Su poesía, pintura, fotografía y activismo de publicaciones de autores y artistas cubanos son altamente elogiables. Canadá y Cuba representan una inspiración constante en su trabajo.

Estudió cerámica en el Colegio Mohawk, diseño y cerámica en el Colegio Sheridan, hasta su graduación en 1984 del Departamento de Artes Experimentales del Colegio de las Artes de Ontario. En 1994 se graduó con honores del Colegio Humber, programa de diplomas de la

Administración de las Artes. En el 2002 regresó a los estudios para tomar cursos de computación vinculados a la publicación. Desde su graduación del Colegio de las Artes de Ontario, ha realizado más de veinte exhibiciones unipersonales y de grupo en Hamilton, Toronto, Boston, Calgary y Grand Prairie. Su arte se exhibe en más de treinta colecciones en todo Canadá.

Grove vivió la mitad de su vida en el Parque Provincial de Presqu'ile, a medio camino entre Toronto y Kingston, al sur de Ontario, Canadá y la otra mitad de su vida en un condominio en Toronto, Ontario. Se identifica como un "poblador", escritor, Poeta Laureado, publicador, fotógrafo, artista ubicado en el Territorio de Plato con un Sola Cuchara (Toronto y el Parque Provincial de Presqu'ile). Fue nombrado Poeta Laureado de Brighton, Ontario en 2020. Es también el Presidente Fundador del Consejo de Artes de Brighton y el primero en ser nombrado Poeta Laureado de Brighton. Es el fundador y antiguo propietario de la editorial Hidden Brook Press y ahora dirige la Wet Ink Books, QuodSermo Publishing and SandCrab Books. Es el presidente fundador de la Alianza Literaria Canadá Cuba (2004). El objetivo de la Alianza fue promover la solidaridad literaria y artística entre Canadá y Cuba por medio de la expresión creativa de la poesía, la prosa, la fotografía y el arte. Con el mismo objetivo, veinte años después, Grove fue clave en la expansión de la ALCC hacia todo el Caribe. Ahora la ALCC es la Alianza Literaria Canadá Caribe. Se puede hallar información en FaceBook en https://www.facebook.com/groups/1116071296198055.

Muchos de sus más de veinte títulos de libros se pueden encontrar en Amazon y en tiendas electrónicas en el mundo. Lo pueden hallar en www.WetInkBooks.com, donde usted hallará un vínculo a su revista literaria Devour: Arte y Literatura Canadienses, una de las principales revistas culturales de Canadá ahora asequibles en papel en Amazon y otras tiendas electrónicas en el mundo. Ha leído su trabajo y ha hablado de poesía, local, nacional e internacionalmente en el Festival Literario Internacional de la Habana, Cuba (tres veces); lector de poesía invitado de Zoom en el Department de Inglés, Universidad de Jahangirnagar en Bangladesh junto a John B. Lee; lector invitado en el Instituto JFK de Berlin, Alemania con Erica Ritter; hizo talleres de poesía en en el Trinity College School, en Port Hope, Ontario; la Universidad de Bonn,

Alemania; la UNEAC en Holguín y La Habana, Cuba; lector invitado en persona en el Festival Literario Internacional de laIglesias Cristiana en Nueva Zelanda; ha leído en la radio CBC con Patrick Lane; enseñó poesía en la Universidad de Ciego de Ávila, Cuba; y ha sido también lector invitado en un gran número de festivals y eventos en Canadá.

Es editor y publicador de una compañía editorial, la Hidden Brook Press, desde la que publica libros de todo género para autores de todo el mundo, incluidos cubanos en un sello de la HBP, la SandCrab Books. Además de ser un poeta publicado, ha exhibido su poesía en acrílico sobre pinturas de papel así como en audio-esculturas. Ha publicado más de 100 poemas y ensayos en publicaciones en todo el mundo, y ha sido incluido en más de 30 antologías.

Entre sus libros de poesía, cuentos cortos y memorias se encuentran *Beyond Fear and Anger, Poems for Jack: Poems for the Poetically Challenged, A View of Contrasts: Cuba Poems, Cuba Trip-e-Book, The Family Reunion, From Cross Hill, Psycho Babble and the Consternations of Life, A Trip to Banes, Trapped in Paradise: Views of my Cuba, The Importance of Good Roots, Destination Cuba: A Cuba Memoir, Living in the Shadow, Some Sort of Normal*, etc.

Sus libros de fotografía y pintura digital incluyen títulos como *Sky over Presqu'ile, terra firma, Óxido Rojo, Substantiality, North of Belleville, In this We Hear the Light, Beyond the Seventh Morning and A Small Payback, Ode to Victoria Lake.*

Fue miembro activo de la Canadian Poetry Association por diez años sirviendo como ejecutivo por siete años entre ellos cinco como presidente y fue el VP de la Asociación de Autores Canadienses, Sucursal de Toronto.

**A note from Tai,** thank you Miguel, Wingman for all that you did for this book. You are the Cuban CanLit Pro. Thank you so much.

**Una nota de Tai,** gracias Miguel, Wingman por todo lo que hiciste por este libro. Eres el CanLit Pro cubano. Muchas gracias.

# About the Author/Translator

Miguel Ángel Olivé Iglesias is member, The Ambassador Editor-in-Chief and President in Cuba of the Canada Cuba Literary Alliance (CCLA). He does translation, proofreading, reviewing and revision for the CCLA, along with compilation and anthologizing. He is a member of the Mexican Association of Language and Literature Professors, VP of the William Shakespeare Studies Center and member of the Canadian Studies Department of the Holguín University in Cuba.

Born in 1965 in Bayamo, Cuba, he travelled to Holguín City in 1977 for his Junior, Senior High and College studies. Today he is an Associate Professor at the University of Holguín, with a Bachelor's Degree in Education, Major in English, and a Master's Degree in Pedagogical Sciences. He has been teaching for over thirty years and writing reviews, poems and stories in Spanish and in English.

Miguel has written and published numerous academic papers in Cuba, Mexico, Spain and Canada. So far he has published more than a hundred poems, four short stories and over thirty-five critical reviews of poetry books and novels in different issues: The Ambassador, official flagship of the CCLA; The Envoy, official newsletter of the CCLA; The Bridges Series Books, published by Hidden Brook Press and SandCrab Books; Adelaide Group in New York-Lisbon, and other anthologies by Hidden Brook Press and SandCrab Books, as well as a review book, In a Fragile Moment: A Landscape of Canadian Poetry (Hidden Brook Press, 2020) and his first full-length solo poetry book (bilingual), Forge of Words (Hidden Brook Press, 2020).

Other books published are: *On the Breeze of Canadian Literature: International Reviews and Essays. (2021), Five Canadian Poets: Analytical Essays on, James Deahl, John B. Lee, Don Gutteridge, Glen Sorestad, A. F. Moritz. (2021), Pedagogical Sciences: The Teaching of Language and Literature, Education, Values, Patrimony and Applied IT. (2021), A Shower of Warm Light: Reviews and Essays on Canadian Poetry. (2021), The Canadian Poet Who Wrote Himself Whole. Revealing the Poetics of Don Gutteridge. (2022).*

He is currently involved in many CCLA projects. SandCrab books published the e-book he edited, These Voices Beating in our Hearts:

Poems from the Valley (English-Spanish), where his poems and haiku appear together with other ten Holguín poets. He works in the Teacher Education English Department as a professor of English, English Stylistics and grad courses. He is also Head of the English Language Discipline. He uses his academic papers, essays, stories and poems in class for reading, debating and practicing the language, adding a didactic and formative element to his scientific and literary production. He also does poetry reading in co-curricular on-campus and community activities.

## Sobre el Autor / Traductor

Miguel Ángel Olivé Iglesias es Jefe Editor de The Ambassador, revista oficial de la Alianza Literaria Canadá Cuba (ALCC), y su Presidente en Cuba. Traduce, realiza correcciones, reseñas y revisiones para la ALCC, además de compilación y preparación de antologías. Es miembro de la Asociación de Profesores de Lengua y Literatura de Méjico, Vicepresidente del Centro de Estudios William Shakespeare y miembro del Departamento de Estudios Canadienses de la Universidad de Holguín, Cuba.

Nació en Bayamo, Cuba, en 1965, luego viajó a la Ciudad de Holguín en 1977 para sus estudios medios y superiores. Hoy es Profesor Auxiliar de la Universidad de Holguín, Licenciado en Educación, Especialidad de Inglés, y Máster en Ciencias Pedagógicas. Ha impartido docencia por más de treinta años y escrito críticas, poemas e historias en español e inglés.

Miguel ha escrito y publicado numerosos artículos académicos en Cuba, Méjico, España y Canadá. Hasta el momento ha publicado más de cien poemas, cuatro cuentos cortos y más de treinta y cinco reseñas literarias de libros de poesía y novelas en variadas publicaciones: The Ambassador, revista insignia oficial de la ALCC; The Envoy, boletín oficial de la ALCC; los libros de la Serie Puentes, publicado por Hidden Brook Press y SandCrab Books; el Adelaide Group en Nueva York-Lisboa, y otras antologías de la Hidden Brook Press y SandCrab Books, además de un libro de ensayos, In a Fragile Moment: A Landscape of Canadian Poetry (Hidden Brook Press, 2020) y su primer libro completo en solitario de poesía (bilingüe), Fragua de palabras (Hidden Brook Press, 2020).

Otros libros publicados son: *On the Breeze of Canadian Literature: International Reviews and Essays. (2021), Five Canadian Poets: Analytical Essays on, James Deahl, John B. Lee, Don Gutteridge, Glen Sorestad, A. F. Moritz. (2021), Pedagogical Sciences: The Teaching of Language and Literature, Education, Values, Patrimony and Applied IT. (2021), A Shower of Warm Light: Reviews and Essays on Canadian Poetry. (2021), The Canadian Poet Who Wrote Himself Whole. Revealing the Poetics of Don Gutteridge. (2022).*

Los temas de su poesía se acercan a la mujer, la gente, la vida, la familia, el amor, la naturaleza, y los valores humanos. Actualmente el editor se dedica a muchos proyectos de la ALCC. La SandCrab Books publicó en 2020 el libro electrónico, del cual fue el editor, Estas voces latiendo en nuestros corazones: Poemas desde el valle (español-inglés), donde sus poemas y haikus aparecen junto a la poesía de otros diez poetas holguineros.

Trabaja en el Departamento de Educación Lengua Inglesa como Profesor de inglés, Estilística inglesa y cursos de postgrado. Es Profesor Principal de la Disciplina Lengua Inglesa. Utiliza sus artículos académicos, ensayos, historias y poemas en clases para la lectura, el debate y la práctica del idioma, adicionando un aspecto didáctico y formativo a su producción científica y literaria. Realiza además lectura de poesía en actividades universitarias extracurriculares en su universidad y en la comunidad.